Tu camino hacia el propósito, la pasión y la paz

Introducción

Nadie quiere tener una vida poco satisfactoria. Eso se debe a que Dios te creó para que tengas una aventura espiritual emocionante que da como resultado pasión, propósito y paz; sin embargo, experimentar ese tipo de vida no es algo que sucede por accidente. No puedes simplemente dejarte llevar y quedarte esperando un objetivo que valga la pena o una vida con verdadero sentido. Por el contrario, tienes que escoger de modo intencional la senda que el Señor ha trazado para ti y evitar los obstáculos que se presentan a lo largo del camino.

Es entonces cuando la mayoría de nosotros nos preguntamos por dónde deberíamos comenzar. Por eso, el rey David oró: «Señor, muéstrame Tus caminos, enséñame Tus sendas. Guíame en Tu verdad y enséñame, porque Tú eres el Dios de mi salvación; en Ti espero todo el día» (Salmos 25:4-5). David entendía que, si quería vivir la vida al máximo, el primer paso era buscar a Dios y seguirlo. Sería muy sabio que tú hicieras lo mismo.

Por tanto, durante los próximos noventa días, este libro, *Tu camino hacia el propósito, la pasión y la paz,* te llevará a hacer un recorrido para conocer las vidas de varios santos bíblicos que vivieron ese tipo de vida que tú anhelas. No lo hicieron todo bien y cometieron muchos errores en el camino, pero aprendieron de sus fallos, se mantuvieron en la senda y buscaron la voluntad de Dios para sus vidas. Y descubrieron lo mismo que David: «Me darás a conocer la senda de la vida;

en Tu presencia hay plenitud de gozo; en Tu diestra hay deleites para siempre» (Salmos 16:11).

Está claro que, antes de comenzar un viaje largo, siempre es una buena idea asegurarte de tener todo lo que necesitas. La buena noticia es que el Señor ya te ha dado lo esencial para tu viaje espiritual. En 2 Pedro 1:3 nos promete: «Pues Su divino poder nos ha concedido todo cuanto concierne a la vida y a la piedad, mediante el verdadero conocimiento de Aquel que nos llamó por Su gloria y excelencia». De hecho, tu pasaporte (la sangre de Jesús) quedó garantizado para ti en el Calvario. Tu guía confiable es el Espíritu Santo, quien te irá enseñando fielmente en el camino. Y tu manual de viaje (la Biblia) tiene toda la información que necesitarás en el trayecto.

No falta nada ni se ha olvidado nada; estás plenamente equipado para la aventura que tienes por delante y para abrazar la vida que Dios tiene para ti. De hecho, cuando enfrentes tus mayores necesidades, cuando llegues al límite de tus fuerzas y te sientas más perdido, te darás cuenta de la absoluta abundancia y sabiduría de lo que Él ha provisto.

Así que comienza este recorrido con total confianza en el Dios que te guía. Confía en Él y disfruta de tu viaje.

DÍA 1

El camino hacia el propósito

Lectura bíblica: Romanos 4 Versículo clave: Romanos 4:18

Abraham creyó en esperanza contra esperanza, a fin de llegar a ser padre de muchas naciones, conforme a lo que se le había dicho: «Así será tu descendencia».

Hannah Whitall Smith escribió una vez: «La vista no es fe, el oír no es fe, ni tampoco el sentir es fe; pero creer cuando no vemos, ni oímos, ni sentimos, eso sí es fe [...] Por tanto, debemos creer antes de sentir, y muchas veces en contra de lo que sentimos, si queremos honrar a Dios mediante nuestra fe».[1]

Cuando leemos la historia de la vida de Abram, nos damos cuenta de que era un hombre de fe. Dios le pidió que hiciera algo que a la mayoría de nosotros nos resultaría muy difícil: dejar a su familia y sus amigos para ir a una tierra desconocida.

Sin embargo, las palabras tranquilizadoras de Dios calmaron el miedo de Abram: «Haré de ti una nación grande, y te bendeciré, engrandeceré tu nombre, y serás bendición. Bendeciré a los que te bendigan» (Génesis 12:2-3).

Abram, o Abraham, como lo llamó Dios más adelante, no pensó mucho en el hecho de que su nombre sería engrandecido. Lo más importante para él era ejercitar su fe por medio de la obediencia.

No olvides que cada vez que Dios te llame a dar un paso de fe, Él te dará la seguridad que necesitas para avanzar. Tu única responsabilidad es obedecerlo y seguirlo. Abraham lo dejó todo simplemente porque Dios le dijo: «Vete».

Metas para el día

- Lee Romanos 4.
- Dedica un tiempo a reflexionar sobre cómo Pablo se refirió a la vida de Abraham para mostrar que la justicia se acredita mediante la fe en las promesas de Dios, no mediante el esfuerzo humano.

Fe en acción

Escribe Romanos 4:3 u otro pasaje que te haya llamado la atención en tu lectura bíblica de hoy. ¿Hay alguna circunstancia en tu vida en la que tengas que ejercitar tu fe? Escribe abajo los detalles.

____

____

____

____

Padre celestial, ayúdame a creer incluso cuando no vea nada. Ayúdame a confiar cuando no oiga tu voz. Dame la seguridad para avanzar en fe, aunque eso signifique soltar algo que desee profundamente.

DÍA 2

DEFINIENDO LA FE

Lectura bíblica: Salmos 24 Versículo clave: Hebreos 11:1

Ahora bien, la fe es la certeza de lo que se espera, la convicción de lo que no se ve.

¿Qué es la fe? La fe no es un poder o una fuerza que podemos utilizar para manipular a Dios y lograr que encaje en nuestra agenda. No somos tan inteligentes. La fe no es solo confianza. No es creer en ti mismo o estar seguro del resultado de cierto acontecimiento.

Por ejemplo, podrías sentarte en las gradas durante un partido de fútbol, y es posible que cada uno de los dos bandos esté convencido de que su equipo ganará el partido. Esto no es fe bíblica.

La fe no es algo confuso o complicado. No es solo para aquellos con educación académica; también es para que cualquier persona pueda buscarla y aplicarla a su vida diaria. La fe no está conectada a las circunstancias. Cuando todo va bien, a menudo pensamos que nuestra fe está intacta, pero cuando llegan los problemas, ¿qué ocurre con nuestra confianza? Mientras nuestra fe no sea más profunda que nuestras circunstancias, estaremos destinados al fracaso.

La fe auténtica es simplemente esto: Dios es quien dice ser y hará lo que dice que hará. Nuestra fe está en la persona de Jesucristo, en su carácter y sus atributos. Es confiar por completo en la fidelidad de Dios para hacer lo correcto.

Metas para el día

- Lee Salmos 24.
- Haz una línea del tiempo de tu diario de fe. ¿Qué acontecimientos destacados han ocurrido durante el camino? ¿Cómo te gustaría que fuera tu fe dentro de un año? ¿Y dentro de cinco? ¿Y de diez?

Fe en acción

La lectura de hoy decía: «La fe auténtica es simplemente esto: Dios es quien dice ser y hará lo que dice que hará». ¿Cómo puedes aplicar esta verdad a tus actuales circunstancias?

____

____

____

____

____

____

Amado Dios, dame una fe auténtica. Creo que tú eres quien dices ser y que harás lo que dices que harás. Mi fe descansa en tu fidelidad para hacer lo correcto en mi vida.

DÍA 3

Obteniendo la perspectiva de Dios

Lectura bíblica: 2 Corintios 4:7-12 Versículo clave: 2 Corintios 4:7

Pero tenemos este tesoro en vasos de barro, para que la extraordinaria grandeza del poder sea de Dios y no de nosotros.

Si alguna vez has volado en avión y has mirado por la ventanilla, es posible que te hayas quedado fascinado ante la vista. Si el cielo está claro, se puede apreciar un vasto paisaje de un solo vistazo, lo que permite transcender momentáneamente las barreras restrictivas de la vida terrenal.

Eso es tan solo un pequeño retrato de cómo nuestro Dios omnisciente y omnipotente ve la vida del creyente. Él lo ve todo. Lo sabe todo. Está al tanto de cada detalle de tu vida desde tu nacimiento, incluso antes de que fueras concebido, hasta tu muerte.

Como Dios conoce perfectamente tu futuro y cómo encajan los eventos de tu día a día en su plan, puedes confiar en Él en cada momento. Los principios eternos de la Escritura te ayudan a tomar decisiones sabias desde el punto de vista de Dios.

Estamos relacionados con el Dios omnisciente y que todo lo ve, el que nos ha dado recursos para enfrentar los desafíos y obstáculos de la vida desde su perspectiva. Por eso, no tenemos que vivir limitados por nuestra propia fuerza o sabiduría.

Sin embargo, con demasiada frecuencia nos sentimos acorralados por nuestras circunstancias, incapaces de ver más allá de la neblina de nuestra finitud; pero si buscamos a Dios en oración y nos alimentamos de manera regular y coherente de su Palabra, podemos romper barreras con su sabiduría.

Metas para el día

- Lee 2 Corintios 4:7-12.
- Identifica tus mayores desafíos en esta etapa de tu vida. Pídele a Dios que te ayude a enfrentar esas dificultades con sabiduría bíblica.

Fe en acción

Escoge un pasaje de la Escritura que hable de los desafíos que estás enfrentando. Escríbelo aquí debajo, en una tarjeta o en tu teléfono. A lo largo del día, proponte orar guiado por el pasaje y pídele a Dios que aplique las verdades de la Escritura a tu situación actual.

____

____

____

____

Padre, tú lo ves todo, lo sabes todo y eres consciente de cada detalle de mi vida. Tú has planeado las situaciones habituales de hoy para que encajen en tu propósito a largo plazo para mi vida. Mientras recorro este día, ayúdame a romper barreras con tu sabiduría.

DÍA 4

El llamado de la fe

Lectura bíblica: Génesis 12:1-9 Versículo clave: Hebreos 10:23

Mantengamos firme la profesión de nuestra esperanza sin vacilar, porque fiel es Aquel que prometió.

Supongamos que planeas unas maravillosas vacaciones sorpresa para tu familia o tus amigos. Por fin llega el gran día. El auto está cargado, todos se han ocupado de esos detalles de última hora, y el depósito de la gasolina está lleno. Se suben al automóvil y se abrochan los cinturones de seguridad con anticipación.

Por último, alguien hace esa transcendental pregunta: «Y bien, ¿a dónde vamos?». Y tú respondes con gran autoridad: «Bueno, no lo sé exactamente». Después de las caras de desconcierto y los clamores de desánimo, es probable que el único que todavía permanezca contigo en el auto sea el perro, y tampoco parece estar muy contento. Sencillamente, las personas no hacen grandes viajes sin saber a dónde se dirigen, a no ser que Dios se los pida. Y eso es lo que Dios les pidió a Abram y su familia: «Y el Señor dijo a Abram: "Vete de tu tierra, de entre tus parientes y de la casa de tu padre, a la tierra que Yo te mostraré. Haré de ti una nación grande, y te bendeciré, engrandeceré tu nombre, y serás bendición"» (Génesis 12:1-2).

Dios les dio una información muy importante, pero no les entregó un mapa de ruta. ¿Por qué? Quería que ellos confiaran en Él durante el viaje. Abram no sabía a dónde se dirigían, pero sabía que su futuro estaba bendecido, más de lo que podía imaginar.

Metas para el día

- Lee Génesis 12:1-9.
- Dedica unos minutos a la oración pidiéndole a Dios que te revele cualquier área en la que puedas estar desenfocado. Ruégale que dirija tus pasos y te guíe en sus caminos.

Fe en acción

Haz una lista de metas que te gustaría lograr. ¿Le dan la gloria a Dios esas metas? Si las puedes hacer realidad, ¿servirá el resultado a otras personas también?

____

____

____

____

____

Señor, llévame en tu dirección. Ayúdame a aprender a caminar por fe. Sé que mi futuro será bendecido más de lo que puedo imaginar. No necesito ningún plan de viaje para mi recorrido, pues tan solo te necesito a ti como mi Guía.

DÍA 5

FE *VERSUS* RAZÓN

Lectura bíblica: 1 Corintios 1:18-29   Versículo clave: Hebreos 10:38

MAS MI JUSTO VIVIRÁ POR LA FE; Y SI RETROCEDE, MI ALMA NO SE COMPLACERÁ EN ÉL.

Desde el punto de vista de la humanidad, no todo lo que Dios hace parece lógico. Hay ocasiones en las que sabemos lo que Dios está haciendo. Otras veces, lo único que podemos hacer es rascarnos la cabeza y pensar: *Señor, no entiendo, pero confío en ti porque tú sabes lo que es mejor.*

La esencia de la fe no está en el conocimiento, sino en la confianza. En este punto, la fe de muchas personas se tambalea. Cuando insistimos en ver y entender a dónde nos está llevando Dios antes de hacer el compromiso de confiar en Él, estamos viviendo por la razón humana y no por la fe.

Sin embargo, Dios nos llama a vivir una vida de fe. Él dijo: «MI JUSTO VIVIRÁ POR LA FE». El autor de Hebreos continuó escribiendo: «La fe es la certeza de lo que se espera, la convicción de lo que no se ve» (Hebreos 11:1).

¿Estás confiando en Dios o razonando los pasos que das en tu vida? Cuando vives por la fe, las cosas quizá no siempre salgan como pensabas. Dios responde nuestras oraciones según su voluntad y su momento propicio. Él sabe que algunas cosas que pedimos conducirían solamente a complicaciones y dolor; por tanto, nos protege dándonos las que sabe que nos bendecirán y también le darán honra a Él.

Metas para el día

- Lee 1 Corintios 1:18-29.
- Confiesa cualquier área en la que podría faltarte la fe y pídele a Dios que te dé una fe que le agrade.

Fe en acción

¿Has esperado mucho tiempo para ver a Dios obrar en una circunstancia concreta? Si es así, escribe las maneras en que podrías reavivar tu fe mientras esperas.

____

____

____

____

____

Oh Dios, hay veces en las que no entiendo lo que estás haciendo. Permíteme aprender a confiar en que tú sabes lo que es mejor. Gracias por protegerme respondiendo mis oraciones según tu voluntad y tu tiempo perfecto.

DÍA 6

TRES PRINCIPIOS DEL ÉXITO

Lectura bíblica: Josué 1:1-9   Versículo clave: Josué 1:9

¿No te lo he ordenado Yo? ¡Sé fuerte y valiente! No temas ni te acobardes, porque el SEÑOR tu Dios estará contigo dondequiera que vayas.

Jesús calmó el mar enfurecido, no para que los discípulos pudieran ser testigos de otro milagro, sino para que entendieran la realidad de su fortaleza y su cuidado por cada uno de ellos. Además, permitió que el temor atenazara sus corazones brevemente para que pudieran aprender de Él. Después de los primeros capítulos del libro de Hechos, vemos sus principios evidentes en las vidas de sus seguidores. Ellos encontraron su fortaleza en Jesús.

Josué enfrentó una situación similar mientras se preparaba para introducir a Israel en la tierra prometida. Escogido por Dios para terminar la tarea, Josué batallaba con pensamientos de temor y fracaso.

El ángel del Señor le dio tres principios para que se mantuviera enfocado en la victoria de la fortaleza de Dios: (1) medita en la Palabra de Dios todos los días; (2) enfócate, mantente vigilante y no te distraigas con la agitación que te rodea; y (3) haz exactamente lo que Dios te dijo que hicieras.

Cuando comienzas a darte cuenta de quién es Jesucristo y lo mucho que Él se interesa por ti, tu nivel de fe aumenta. Cuanto mayor sea tu nivel de fe, con más claridad verás su fortaleza.

Metas para el día

- Lee Josué 1:1-9.
- Echa un vistazo de nuevo a la lectura de hoy y repasa los tres principios que el ángel del Señor le dio a Josué.

Fe en acción

¿Cómo puedes implementar estos tres principios en tu propia vida?

____

____

____

____

____

____

Señor, hoy decido meditar en tu Palabra en lugar de hacerlo en mis propias circunstancias. Quiero estar vigilante y no distraerme con la agitación que me rodea. Ayúdame a hacer exactamente lo que me dices que haga. Aumenta hoy el nivel de mi fe.

DÍA 7

Cuando tropiezas

Lectura bíblica: Mateo 14:22-33 Versículo clave: Mateo 14:29

«Ven», le dijo Jesús. Y descendiendo Pedro de la barca, caminó sobre las aguas, y fue hacia Jesús.

Muchos recuerdan haber visto en las noticias la cobertura de un joven corredor olímpico que cayó al salir de la recta opuesta antes de la curva final. Con un dolor intenso intentó ponerse de pie, pero se desplomó de nuevo sobre la pista.

Un silencio envolvió a la multitud mientras las miradas se apartaban del vencedor de la carrera para fijarse en el único corredor que luchaba por ponerse de pie en el otro extremo del estadio. De repente, se le unió un hombre mayor que esquivó a los guardias olímpicos y saltó a la pista. Era el papá del corredor. Juntos, tomados del brazo, avanzaron hacia la meta.

Cuando Pedro salió de la barca y comenzó a caminar sobre el agua hacia Jesús, su único objetivo era llegar al Salvador. Y, aunque las aguas oscuras hicieron que su corazón dudara por un momento, Pedro no se conformó con la derrota y clamó: «¡Señor, sálvame!». Este no es un relato sobre el peligro por falta de fe. Si Pedro realmente hubiera dudado del poder de Jesús, nunca habría salido de la barca.

Nunca permitas que el enemigo te diga que no vales nada y que estás derrotado porque tropezaste en tu carrera hacia la meta. Así como el padre amoroso que corrió al lado de su hijo, Jesús corre para estar cerca de ti y llevarte a la victoria.

Metas para el día

- Lee Mateo 14:22-33.
- ¿Conoces a alguien que esté batallando? Acércate hoy a esa persona y ofrécele una palabra de ánimo.

Fe en acción

¿Tienes la sensación de que Dios te está pidiendo que «salgas de la barca» en algún área de tu vida? ¿Cómo sería dar el primer paso?

____

____

____

____

____

____

____

Precioso Señor, gracias porque cuando tropiezo y me caigo, tú eres como el padre amoroso que corrió al lado de su hijo. Estás preparado para llevarme hasta la victoria. ¡Juntos podemos llegar a la meta!

DÍA 8

¿Temor o fe?

Lectura bíblica: Mateo 8:23-27 Versículo clave: 2 Timoteo 1:7

Porque no nos ha dado Dios espíritu de cobardía,
sino de poder, de amor y de dominio propio.

Las anguilas lobo, esos animales marinos que crecen hasta alcanzar aproximadamente un metro ochenta de longitud, viven en las frías aguas del Pacífico Norte, en madrigueras rocosas del fondo del mar. Tienen ojos grandes, casi del tamaño de los humanos, y dientes formidables que les dan un aspecto feroz.

No es de extrañar que, durante años, muchos científicos marinos y buceadores las consideraran depredadoras y feroces; sin embargo, un descubrimiento reciente ha derribado ese mito para siempre. En realidad, las anguilas lobo usan sus dientes largos y afilados para romper los cascarones de los moluscos y obtener así la carne del interior. No molestan a los humanos en lo más mínimo. De hecho, son tan dóciles que algunas incluso han jugado con los buceadores que las estudiaban.

Algo que parecía atemorizante resultó no ser digno de temor en absoluto. Las apariencias pueden engañar, especialmente en los asuntos espirituales. Pedro iba bien hasta que puso sus ojos en las olas que rugían a sus pies, y permitió que la aparente imposibilidad de caminar sobre el agua dominara su fe.

Jesús no quiere que evalúes las situaciones con tus sentidos y tu razón humana, que pueden ser engañados fácilmente. Quiere que camines con una visión espiritual guiada por la fe en el Señor, que no puede fallar.

Metas para el día

- Lee Mateo 8:23-27.
- Repasa el versículo clave del día, 2 Timoteo 1:7. Encierra en un círculo las palabras que más te llamen la atención. Dedica tiempo a aplicar las verdades de este pasaje a tus temores específicos.

Fe en acción

Escribe tus mayores temores en el espacio de abajo. Considerando la lectura de hoy, ¿cuál es la manera más sabia de enfrentar esos temores?

____

____

____

____

____

Amado Padre celestial, no permitas que evalúe las situaciones mediante mis sentidos carnales y mi razonamiento humano. Permíteme caminar con una visión espiritual guiada por la fe en ti, un Dios que nunca puede fallar.

DÍA 9

La fidelidad de Dios

Lectura bíblica: Salmos 102 Versículos clave: Hebreos 13:5-6

Sea el carácter de ustedes sin avaricia, contentos con lo que tienen, porque Él mismo ha dicho: «Nunca te dejaré ni te desampararé», de manera que decimos confiadamente: «El Señor es el que me ayuda; no temeré. ¿Qué podrá hacerme el hombre?».

En ocasiones, en nuestro caminar espiritual sentimos como si todo el cielo estuviera cerrado para nosotros. Nos preguntamos si Dios nos ha olvidado o si hicimos algo para decepcionarlo. Pero nada de lo que hacemos sorprende a Dios. Él es omnisciente y está perfectamente sintonizado con cada uno de nuestros pensamientos.

Dios ha decidido amarte, incluso en pecado, con un amor incondicional. Su amor no se basa en tu desempeño, sino en su gracia. Por tus propias fuerzas nunca podrías cumplir con los estándares de Dios. Él te ama igual cuando tropiezas y caes que cuando lo sigues de cerca. Eso no es una excusa para pecar, sino una oportunidad para aprender a amarlo más y mejor.

En el camino de la fe, cada uno de nosotros puede esperar enfrentarse a momentos de pruebas y dificultad en los que parece que Dios está distante y alejado de nosotros; sin embargo, no caminamos por vista, sino en la realidad de la promesa de que Él nunca nos dejará ni nos desamparará (Hebreos 13:5-6).

Los momentos en los que sientes que Dios no está haciendo nada en tu vida son, por lo general, los mismos momentos en los que Él está haciendo su obra más grande. Ten buen ánimo; puede que simplemente te tenga protegido bajo la sombra de su mano mientras resuelve los detalles necesarios para tu avance.

Metas para el día

- Lee el Salmo 102.
- Identifica en la lectura bíblica de hoy los momentos en los que el salmista mostró sinceridad y transparencia en sus oraciones. Deja que el ejemplo del salmista guíe tu tiempo de oración.

Fe en acción

¿Qué tipo de vida de oración aspiras a tener? Escribe detalles específicos. ¿Qué pasos puedes dar para tener la vida de oración que deseas?

____

____

Dios todopoderoso, incluso cuando siento que me has olvidado, tú sigues ahí. Gracias por tu amor incondicional. Sé que me amas igual cuando tropiezo y caigo que cuando te sigo de cerca. Gracias por la gran obra que estás haciendo en mi vida.

DÍA 10

LA MENTALIDAD DE FE

Lectura bíblica: Éxodo 3:1-14 Versículo clave: Éxodo 3:14

Y dijo Dios a Moisés: «YO SOY EL QUE SOY», y añadió: «Así dirás a los israelitas: "YO SOY me ha enviado a ustedes"».

A menudo pensamos que la fe comienza cuando damos un paso y confiamos en Dios en algo que Él ha prometido, pero en realidad la fe comienza incluso antes de ese punto. La fe es una actitud, una mentalidad que tiene la capacidad de trazar nuestro rumbo en la vida.

Quienes pasan por alto la fe en Dios experimentan desánimo porque se ven obligados a confiar en sus propias habilidades. ¿Y qué es la capacidad humana a la luz de la omnisciencia de Dios?

Moisés enfrentó varios momentos críticos en su camino de fe. Uno de ellos ocurrió muy temprano en su relación con el Señor. La primera vez que Dios le habló a Moisés desafió su capacidad de confiar en Él: «Ahora pues, ven y te enviaré a Faraón, para que saques a Mi pueblo, a los israelitas, de Egipto» (Éxodo 3:10).

La situación le parecía abrumadora a Moisés. ¿Cómo podría ir ante Faraón y decirle que dejara ir al pueblo de Dios? No podía. Al menos, no con sus propias fuerzas.

Moisés se sintió totalmente incapaz de hacer lo que Dios quería que hiciera. Dios lo entendió. Esto es lo que resulta tan entrañable de nuestro Salvador: Él entiende nuestras debilidades. Lo único que pide es que estemos dispuestos. Por eso, confía en su amor y su cuidado, y fortalécete por medio de su poder.

Metas para el día

- Lee Éxodo 3:1-14.
- Toma un tiempo para reflexionar más sobre esta afirmación de la lectura de hoy: «La fe es una actitud, una mentalidad que tiene la capacidad de trazar nuestro rumbo en la vida».

Fe en acción

Haz una lista de las tareas y responsabilidades que tienes por delante. Escribe una oración en el espacio de abajo pidiéndole a Dios que te dé su fuerza para cumplir con tus tareas y responsabilidades.

____

____

____

____

____

____

Precioso Padre celestial, gracias por entender mis debilidades. Incluso cuando mi camino parece oscuro e incierto, sé que me fortalecerás. Descanso en tu amor y tu cuidado.

La fe es una actitud, una mentalidad que tiene la capacidad de trazar nuestro rumbo en la vida.

DÍA 11

Cultiva tu fe

Lectura bíblica: Mateo 17:14-20 Versículo clave: Mateo 17:20

Y Él les dijo: «Por la poca fe de ustedes; porque en verdad les digo que si tienen fe como un grano de mostaza, dirán a este monte: "Pásate de aquí allá", y se pasará; y nada les será imposible».

¿Cómo respondes cuando se te presenta un desafío que requiere un impulso de fe en Dios? ¿Con vacilación? ¿Con cautela? ¿Con temor? ¿Con optimismo? La clave para romper la barrera de la fe y anclar nuestra confianza en Dios es tener una visión elevada de Dios mismo.

«Yo pensaba que para tener más fe tenía que esforzarme más», podrías decir. Es cierto, pero tu esfuerzo debe enfocarse en ver a Dios tal como Él es realmente, no en luchar por obtener más fe o tener una mentalidad más positiva.

Cuando los discípulos anhelaron tener más fe, Jesús les dijo que lo único necesario era una fe del tamaño de un grano de mostaza. «Usa lo que tienes», decía Jesús, «y tu fe crecerá en el proceso».

Usamos la fe que tenemos, por pequeña que parezca, ampliando la visión que nuestro corazón tiene de Dios. Cuando Moisés tenía miedo de ir ante Faraón, Dios desbarató esas preocupaciones con la revelación de sí mismo: «Así dirás a los israelitas: "YO SOY me ha enviado a ustedes"» (Éxodo 3:14).

Crecemos en la fe al ver a Dios bajo una nueva luz. Nuestra fe es tan grande como nuestro Dios. Si tu idea de Dios es grandiosa, tu fe se elevará.

Metas para el día

- Lee Mateo 17:14-20.
- Dedica unos momentos a orar, pidiéndole a Dios que amplíe tu visión de quién es Él.

Fe en acción

Escribe lo que crees que es verdad acerca de Dios. Incluye sus atributos y características.

____

____

____

____

____

____

Dios mío, haz que mi fe se eleve. Haz crecer en mí una fe tan grande como tú. Oh Dios, quiero verte tal como eres. Rompe los obstáculos de temor, desobediencia e incredulidad en mi vida. Quiero atravesar la barrera de la fe.

DÍA 12

Rompe la barrera de la fe

Lectura bíblica: Éxodo 4 Versículo clave: Hebreos 12:27

Y esta expresión: Aún, una vez más, indica la remoción de las cosas movibles, como las cosas creadas, a fin de que permanezcan las cosas que son inconmovibles.

El viaje de la fe no siempre es seguro; crecer en el Señor implica temporadas de dolor, pruebas e incertidumbre. A veces, las preguntas permanecen sin respuesta por mucho tiempo. Penelope Stokes describió el proceso en su libro *Faith: The Substance of Things Unseen* [Fe: La convicción de lo que no se ve]:

> Cuando respondemos al llamado de dejar el jardín amurallado y aventurarnos en el bosque que está más allá, nos arriesgamos a que nuestras ideas preconcebidas se hagan añicos. Nos abrimos a una nueva verdad y a nuevas maneras de percibir; abrazamos «la remoción de las cosas movibles [...] a fin de que permanezcan las cosas que son inconmovibles» (Hebreos 12:27). Nos comprometemos con la exploración [...]
>
> Si tenemos la intención de ser exploradores espirituales, de seguir caminos desconocidos y adentrarnos en territorio no explorado, debemos aprender a confiar en Dios. Como Cristiano en *El progreso del peregrino*, debemos llevar nuestras manos a los

oídos, ignorar las voces que nos llaman a regresar a la seguridad y a lo conocido, y correr con todas nuestras fuerzas hacia el bosque, donde Dios espera para guiarnos en el camino.

Necesitamos abrazar nuestras propias exploraciones, incluso cuando no podamos agradar a todos, incluso cuando otros teman que estemos tomando el camino equivocado [...] incluso si corremos el riesgo de caer por la montaña y rompernos un brazo en el proceso.[1]

Metas para el día

- Lee Éxodo 4.
- Hoy dedica tiempo a reflexionar sobre la elección de Moisés entre alimentar sus dudas y temores o avanzar en obediencia a Dios.

Fe en acción

En la lectura bíblica de hoy, Moisés estaba tan atemorizado que le pidió al Señor que enviara a otro. Sin embargo, finalmente obedeció. ¿Por qué crees que Moisés pudo avanzar con fe?

____

____

____

____

____

Señor, ayúdame a callar las voces que me llaman a regresar a la seguridad y a lo conocido. Quiero correr con todas mis fuerzas hacia donde tú me esperas para guiarme en mi camino. Permíteme avanzar por fe para explorar y entrar en territorio no explorado.

DÍA 13

CUESTIONES DE FE

Lectura bíblica: Éxodo 5 Versículo clave: Isaías 55:9

«Porque como los cielos son más altos que la tierra, así Mis caminos son más altos que sus caminos, y Mis pensamientos más que sus pensamientos».

Hiciste algo amable por un vecino, y tu gesto fue considerado interesado. Trabajaste horas extra en un proyecto para ayudar a un compañero en apuros, y otros dijeron que solo estabas intentando quedar bien con tu jefe. Resulta doloroso cuando las personas malinterpretan tus intenciones. No solo se pierde el buen efecto en el proceso, sino que también terminas con una culpa que no mereces.

Piensa en cómo se sintió Moisés. Él era el mensajero especial de Dios en una misión de misericordia divinamente designada, y el pueblo lo acusó de intentar hacer sus vidas más miserables. Estaban totalmente equivocados, como después descubrirían, pero mientras tanto, el sumiso Moisés recibió de lleno sus quejas.

Esas malas interpretaciones se producen a menudo en los asuntos de fe. ¿Por qué? Porque los caminos de Dios no siempre tienen sentido en un mundo pecaminoso. Sus métodos a veces dan un vuelco a la lógica humana o van en contra de la opinión popular. Y, en ocasiones, los beneficios o recompensas de la obediencia se demoran o llegan de una manera que los incrédulos no pueden reconocer.

Si otros se burlan de ti por hacer lo que el Señor dice en lugar de andar por el camino del mundo, puedes mantenerte firme. La victoria verdadera y definitiva le pertenece a Él.

Metas para el día

- Lee Éxodo 5.
- Repasa el versículo clave del día: Isaías 55:9. Hoy dedica tiempo a pensar en este pasaje y cómo se relaciona con las situaciones de tu vida que quizá no entiendas.

Fe en acción

Haz una lista de las situaciones que te llevan a cuestionar o dudar. Pasa tiempo en oración pidiéndole a Dios que te dé claridad.

____

____

____

____

____

Padre celestial, aunque tus caminos no siempre tengan sentido para mi razonamiento humano, sé que la victoria definitiva te pertenece. Permíteme mantenerme firme en este conocimiento y andar en tu camino en lugar de seguir los senderos de este mundo pecaminoso.

DÍA 14

SUFRIR UNA FALLA DE FE

Lectura bíblica: Números 13—14 Versículos clave: Proverbios 3:5-6

Confía en el SEÑOR con todo tu corazón, y no te apoyes en tu propio entendimiento. Reconócelo en todos tus caminos, y Él enderezará tus sendas.

El reporte de los espías fue muy negativo y desalentador. Los israelitas pasaron toda la noche llorando y lamentándose. La situación parecía desesperada.

Bajo la dirección de Dios, Moisés los había sacado de Egipto triunfalmente hacia su destino final: la tierra prometida; pero ahora estaban atrapados en el desierto, frente a una tierra llena de gigantes amenazantes.

En un momento crítico, el momento del desafío, los israelitas apartaron su mirada del Señor y se fijaron únicamente en los obstáculos. Como olvidaron la promesa de Dios y escucharon información falsa, toda una generación vagó y murió en el desierto, sin llegar siquiera a ver la tierra que fluía leche y miel.

¿Estás enfrentando un desafío a tu fe? ¿Te está llamando Dios a una tarea que parece irracional? No evalúes la situación según tus recursos limitados; no ver las cosas desde la perspectiva de Dios puede hacerte perder su bendición, y otros podrían salir perjudicados. La desobediencia siempre trae consigo decepción y desilusión.

Recuerda lo que Dios hizo por ti en el pasado y confía en que Él puede encargarse de lo imposible. No puedes ser derrotado cuando sigues el plan de Dios con una fe segura.

Metas para el día

- Lee Números 13–14.
- En un momento crítico, los israelitas apartaron su mirada de Dios y se enfocaron en sus obstáculos. Identifica las situaciones en las que tú tiendes a hacer lo mismo.

Fe en acción

Anota algunos de los momentos más significativos de tu historia con Dios. ¿De qué maneras inesperadas ha intervenido Dios a tu favor?

____

____

____

____

____

____

Padre precioso, al enfrentar mi jornada espiritual hoy, ayúdame a ver cada desafío en términos de tus recursos y no de mi fuerza limitada. Dame fe para lidiar con lo imposible.

DÍA 15

Enfrentando gigantes

Lectura bíblica: 1 Samuel 17:1-11 Versículo clave: 1 Juan 5:4

Porque todo lo que es nacido de Dios vence al mundo. Y esta es la victoria que ha vencido al mundo: nuestra fe.

Ella tiene que sentarse mañana ante al comité y decirles lo que piensa. El mes pasado le pidieron que reseñara unos libros para un club de lectura infantil, pero considera que tres de esos libros son perjudiciales y promueven valores que no son bíblicos. Ella también sabe que la mayoría de los miembros del comité no son creyentes y, por tanto, no entenderán sus argumentos.

Mientras piensa en el conflicto que se avecina, entra en pánico. Sin embargo, recuerda las victorias pasadas en el Señor, entonces se calma y reconoce que la batalla es realmente de Él.

Mira las palabras de confesión positiva de David antes de enfrentarse al gigante burlón Goliat: «El Señor, que me ha librado de las garras del león y de las garras del oso, me librará de la mano de este filisteo» (1 Samuel 17:37).

David podía decir con confianza inquebrantable que Dios le daría la victoria rotunda. Recordó momentos anteriores en los que Dios lo había librado estando indefenso, y confió en el poder de Dios para hacerlo nuevamente.

¿Qué gigante se avecina en tu futuro? ¿Qué batalla enfrentas hoy? ¿Estás reclamando la victoria en este momento en su nombre? Recuerda siempre: conoces al Dios que vence.

Metas para el día

- Lee 1 Samuel 17:1-11.
- Dedica unos momentos a identificar los «gigantes» en tu vida. Vuelve a leer 1 Samuel 17:37 y repasa la confesión positiva de David.

Fe en acción

En el espacio de abajo, sigue el ejemplo de David y escribe una «confesión positiva» que hable a los desafíos en tu vida.

____

____

____

____

____

____

Padre Dios, hay gigantes adelante, batallas tremendas que enfrentar. Dame la fe que vence. Reclamo la victoria ahora mismo en tu nombre.

DÍA 16

VICTORIA MEDIANTE LA FE

Lectura bíblica: 1 Samuel 17:12-37 Versículo clave: Filipenses 1:6

Estoy convencido precisamente de esto: que el que comenzó en ustedes la buena obra, la perfeccionará hasta el día de Cristo Jesús.

Cuando era un joven pastor, David no poseía todas las cualidades de una fe fuerte y vencedora. Dios tardó años en prepararlo para su futuro papel como rey de Israel; sin embargo, él nunca perdió de vista el propósito de Dios para su vida ni se preocupaba por el futuro.

Al enfrentar su primer gran desafío con Goliat, David siguió mentalmente varios pasos para asegurarse la victoria por medio de la fe:

Recuerda las victorias pasadas. David recordó la fidelidad pasada de Dios y se animó.

Reafirma las razones del conflicto. Asegúrate de que tus motivos y tu corazón sean puros delante de Dios.

Rechaza el desánimo. Desconfía siempre del pesimismo. En su lugar, practica recordar las promesas de Dios para ti.

Reconoce la verdadera naturaleza de la batalla. Reclama tu posición en Cristo como coheredero y amado hijo de Dios.

Responde con confesiones positivas de fe. Dios está en control y te dará la victoria.

Confía en Dios. Toda tu esperanza y seguridad están en Cristo. Luchas con habilidades y limitaciones humanas, pero Dios no conoce límites.

Considera asegurada la victoria. David lo hizo, ¡y tú también puedes hacerlo! Ya sea que la victoria llegue hoy o dentro de diez años, Dios completará lo que ha comenzado en tu vida (Filipenses 1:6).

Metas para el día

- Lee 1 Samuel 17:12-37.
- Repasa la lectura de hoy y los pasos que David siguió antes de enfrentarse a Goliat. Elige un par de esos pasos para aplicarlos a tu vida.

Fe en acción

Escribe un pasaje bíblico concreto que te ayude a enfrentar el desánimo.

____

____

____

Señor, gracias por las victorias pasadas. Al enfrentar las batallas de la vida, haz que mis motivos sean puros. Ayúdame a resistir el desánimo y a reclamar mi posición como coheredero con Cristo. Tu poder no conoce límites, y completarás lo que has comenzado en mi vida.

DÍA 17

La fe vencedora

Lectura bíblica: 1 Samuel 17:38-51 Versículo clave: 1 Samuel 17:45

Entonces dijo David al filisteo: «Tú vienes a mí con espada, lanza y jabalina, pero yo vengo a ti en el nombre del Señor de los ejércitos, el Dios de los escuadrones de Israel, a quien tú has desafiado».

La fe de David puede parecer una clase de fe casi sobrehumana, inalcanzable, si te concentras en las hazañas que logró. Matar a un gigante con solo unas piedras y una honda parece increíble.

Pero ese es precisamente el punto. Era algo imposible e increíble. Sin embargo, la fe sencilla y semejante a la de un niño que David tenía en el Dios todopoderoso produjo la victoria decisiva para los israelitas, lo que dio mucha gloria al nombre de su Señor.

La fe de David, una fe vencedora, también puede ser tuya cuando entiendes la verdadera naturaleza de su confianza en Dios. La fe vencedora es aquella que rechaza las palabras desalentadoras de los demás.

¿Qué habría pasado si David hubiera escuchado las burlas y preguntas de sus hermanos?, ¿o si hubiera dejado que las dudas de Saúl lo obligaran a usar una armadura pesada y grande? David sabía que, si obedecía a Dios y lo dejaba actuar, el éxito era la única posibilidad.

La fe vencedora también reconoce la verdadera naturaleza de la batalla. Cuando Goliat, con arrogancia, se enfrentó al ejército de

Dios, el asunto se volvió espiritual, y David entendió este principio de inmediato.

¿Estás enfrentando ahora un «Goliat» espiritual? Dios no espera que manejes la situación por tu cuenta. Pídele que se encargue del conflicto. La fe vencedora conoce a Aquel que es capaz para esa tarea.

Metas para el día

- Lee 1 Samuel 17:38-51.
- Dedica un tiempo a pensar en el papel que juega la fe al perseguir tus pasiones, metas y el propósito que Dios te ha dado.

Fe en acción

¿Por qué es necesaria la «fe vencedora» para cumplir los propósitos de Dios en tu vida?

___

___

___

___

Padre celestial, dame una fe vencedora, una fe que rechace las palabras desalentadoras de los demás y que reconozca la verdadera naturaleza de la batalla. Encárgate de mis conflictos. Derrota a mis Goliats espirituales.

DÍA 18

La fe cuando Dios dice no

Lectura bíblica: 2 Samuel 12:1-23 Versículos clave: Salmos 138:7-8

Aunque yo ande en medio de la angustia, Tú me vivificarás; extenderás Tu mano contra la ira de mis enemigos, y Tu diestra me salvará. El Señor cumplirá Su propósito en mí; eterna, oh Señor, es Tu misericordia; no abandones las obras de Tus manos.

El profeta Natán se acercó a David y, bajo la dirección del Espíritu de Dios, pronunció palabras que convencieron al corazón de David de la culpa que cargaba y el pecado que había cometido contra el Señor. Los días que siguieron a este evento estuvieron llenos de tensión y desesperación, puesto que David se había enterado de que su hijo con Betsabé moriría según el juicio de Dios.

El dolor, la aflicción; ninguno de nosotros puede realmente comprender cuán profundamente sufrió este hombre. No solo había lastimado a familiares y amigos, sino que también había entristecido a alguien mucho más cercano y querido que sus compañeros terrenales: el Señor mismo.

Sin embargo, en medio de esta tragedia, no debemos pasar por alto la sensibilidad de la relación de David con Dios. Cuando el rey recibió la noticia de que el niño seguramente moriría, acudió directamente al Señor en oración. Ese era el único lugar donde David sabía que podía encontrar perdón y restauración.

Cuando una persona está quebrantada por el pecado, no se encuentra sola. Dios está con ella, y es rápido para restaurar la comunión con Él cuando se reconoce el pecado. Puedes alabar a Dios por su soberanía en tu vida, incluso en los momentos en que su respuesta a tu oración es no. Él siempre te dará lo mejor en el momento preciso.

Metas para el día

- Lee 2 Samuel 12:1-23.
- Busca 1 Juan 1:9 en tu Biblia y usa el versículo para guiar tu tiempo de oración.

Fe en acción

El pecado no confesado robará tu paz. Si has caído en un pecado habitual no confesado, escribe una oración abajo pidiéndole a Dios que te perdone y te restaure.

___

___

___

___

___

Padre, me gozo porque eres soberano sobre cada detalle de mi vida. Incluso cuando tu respuesta a mi oración sea no, sé que me darás lo mejor en el momento indicado.

DÍA 19

FE PARA SOÑAR

Lectura bíblica: Salmos 71:13-21 Versículo clave: 2 Corintios 5:7

Porque por fe andamos, no por vista.

Cuando Dios te da una promesa para el futuro, Él es responsable de abrir la puerta correcta en el momento adecuado para que cumplas la tarea. La autora y maestra Henrietta Mears enseñaba a sus alumnos a soñar. En su vida, hizo precisamente eso y convirtió un departamento de escuela dominical casi desconocido en la Primera Presbiteriana en Hollywood, California, en un programa que atrajo a miles a un caminar de fe más profundo en Cristo.

Sin embargo, en 1937 enfrentó un problema interesante. Su programa juvenil, que crecía constantemente, había superado la capacidad de sus instalaciones para retiros. Dios dejó claro que Él proveería un nuevo lugar de retiro que satisfaría esa necesidad.

Una propiedad que antes fue un complejo turístico, en las montañas de San Bernardino, estuvo disponible. Pero el precio, aunque muy reducido, seguía siendo demasiado alto. No obstante, Henrietta sabía que si ese era el lugar que Dios había señalado, Él proveería los medios para comprarlo.[2]

La mala salud del dueño, junto con una tormenta dañina, abrieron el camino para comprar la propiedad a un precio «increíblemente bajo». Henrietta concluyó que el camino de la fe nunca es por vista o razonamiento humano; siempre es por la soberanía de Dios.

¿Hay una necesidad en tu vida que parece abrumadora? Confía en Dios; Él tiene lo mejor preparado para ti.

Metas para el día

- Lee Salmos 71:13-21.
- La lectura de hoy enseña que debemos soñar en grande siempre que Dios esté involucrado. Date permiso a ti mismo para apartar tiempo hoy y «soñar en grande». ¿Qué tipos de sueños prenden tu pasión y te dan un sentido de propósito?

Fe en acción

¿Qué viene a tu mente cuando «sueñas en grande»? ¿Qué meta maravillosa te está llamando Dios a cumplir que es imposible sin su gracia y bendición?

____

____

____

____

Dios, dame la capacidad de soñar en grande. Quita todo lo que limita mi visión. Permíteme ver más allá de las circunstancias naturales que restringen mi fe.

Cuando Dios te da una promesa para el futuro, Él es responsable de abrir la puerta correcta en el momento adecuado para que cumplas la tarea.

DÍA 20

OBEDECER EN FE

Lectura bíblica: Lucas 5:1-11 Versículo clave: Lucas 5:5

Simón le contestó: «Maestro, hemos estado trabajando toda la noche y no hemos pescado nada, pero porque Tú lo pides, echaré las redes».

Jesús estaba hablando a un grupo reunido en las costas de Galilea. Cuando terminó, se volteó hacia Pedro y le dijo que izara las velas de la barca, regresara a aguas abiertas y echara sus redes para atrapar una gran pesca.

Cansado y deseando solo unas horas de descanso, Pedro pareció dudar. ¿Sabía Jesús lo que estaba pidiendo? Todos allí tenían claro que el mejor momento para pescar, especialmente con redes, era de noche; el peor momento era durante el día.

Pedro trató de razonar: «Maestro, hemos estado trabajando toda la noche y no hemos pescado nada». Pero Jesús insistió: «Echen sus redes para pescar» (Lucas 5:4-5).

Cada vez que somos llamados a obedecer a Dios, nuestra fe es desafiada y se revela nuestra verdadera naturaleza. El milagro de la gran cantidad de peces fue el resultado de la disposición de Pedro a confiar y obedecer a Cristo por fe. En obediencia, respondió: «Porque tú lo pides, echaré las redes» (Lucas 5:5).

Cuando nuestros corazones están decididos a obedecer, Dios responde con poder. Habrá momentos en la vida en que puedas preguntar: «Señor, ¿es esto una cuestión de obediencia?». Si es así, elige obedecer por fe, después «echa tus redes» y prepárate para una bendición tremenda.

Metas para el día

- Lee Lucas 5:1-11.
- Pasa tiempo en oración pidiéndole a Dios que te revele cualquier área en la que no le hayas obedecido. Pídele a Dios fuerza para someterte a Él en toda circunstancia.

Fe en acción

¿Puedes recordar una ocasión en la que no obedeciste a Dios? ¿Cuáles fueron las consecuencias? Si te enfrentaras a la misma situación otra vez, ¿qué harías diferente?

____

____

____

____

____

Señor, hoy rindo mi corazón a la obediencia de tu Palabra. Mientras avanzo en esa obediencia, estoy «echando mis redes» espiritualmente y preparándome para una tremenda bendición. Sé que llegará, ¡así que te doy gracias de antemano!

DÍA 21

LA PRUEBA DE LA FE

Lectura bíblica: Santiago 1:2-8 Versículo clave: Santiago 1:12

Bienaventurado el hombre que persevera bajo la prueba, porque una vez que ha sido aprobado, recibirá la corona de la vida que el Señor ha prometido a los que lo aman.

La mayoría de nosotros conocemos la historia de José y la profundidad de su fe. Génesis 39–50 registra los eventos de su vida y cómo Dios le proveyó la fortaleza emocional para superar el desaliento. El principio que se aplica a la vida de José es de fe extrema.

No le gustó ser vendido como esclavo. Como cualquiera de nosotros, probablemente luchó contra sentimientos de rechazo, soledad y miedo. Había adorado y confiado en Dios; sin embargo, terminó en una tierra extranjera sin esperanza inmediata de regresar a su familia. Aun allí, José se aferró con fuerza a su convicción: Dios tenía un plan para su vida. Había recibido una visión y se negó a sucumbir al pecado y al descontento.

Cada uno de nosotros enfrentará tiempos de prueba y desaliento. Pero es en ese tiempo, en los momentos más oscuros de la vida, cuando Dios saca a la luz la profundidad de nuestra fe.

Para que José pudiera testificar de la fidelidad de Dios, tuvo que haber un encuentro en Egipto. Para que tú puedas afirmar el amor eterno y la fortaleza de Dios, también debe haber una prueba de fe en tu vida. Recuerda: Dios nunca te abandonará. Así como estuvo con José, está contigo, ¡para siempre!

Metas para el día

- Lee Santiago 1:2-8.
- Dedica tiempo a la oración y pide a Dios que te dé fortaleza en medio de las tentaciones y pruebas que estás enfrentando actualmente.

Fe en acción

Piensa en la prueba de fe más grande que hayas soportado. Escribe las lecciones que aprendiste de esa prueba. ¿Cómo pueden esas lecciones prepararte para los desafíos que enfrentas ahora?

____

____

____

____

____

Precioso Señor, a pesar de los sentimientos de rechazo, soledad y miedo que a veces inundan mi alma, sé que tienes un plan para mí. A través de todas mis pruebas, saca a la luz la profundidad de mi fe y fortalécela.

DÍA 22

CONFIANZA EN DIOS

Lectura bíblica: Génesis 39 Versículo clave: Génesis 39:23

El jefe de la cárcel no supervisaba nada que estuviera bajo la responsabilidad de José, porque el SEÑOR estaba con él, y todo lo que él emprendía, el SEÑOR lo hacía prosperar.

Las personas que han pasado tiempo en la cárcel hablan de los efectos aturdidores de la reclusión. Un día da paso a otro día, un mes a otro mes, y la percepción del tiempo y la realidad de un preso pueden volverse limitadas. Es fácil perder la motivación o la voluntad de vivir sin tener esperanza, sin una meta, sin algo por lo que luchar.

Sin embargo, ese no fue el caso de José. Si alguien tenía razones para estar amargado, era él. Ni siquiera merecía estar en la cárcel. José pudo haber permitido que su frustración llegara a ser resentimiento y luego descargarla en sus compañeros de prisión y en los guardias. Pudo haber hecho que la vida fuera miserable. En cambio, eligió confiar en Dios:

> Pero el SEÑOR estaba con José, le extendió *Su* misericordia y le concedió gracia ante los ojos del jefe de la cárcel. El jefe de la cárcel confió en mano de José a todos los presos que estaban en la cárcel, y de todo lo que allí se hacía él era responsable. El jefe de la cárcel no supervisaba nada que estuviera bajo la responsabilidad de

> José, porque el Señor estaba con él, y todo lo que él emprendía, el Señor lo hacía prosperar. (Génesis 39:21-23)

José entendió que los planes de Dios para él iban más allá de lo negativo del aquí y ahora; por la fe pudo mirar más allá del dolor presente y, como resultado, Dios convirtió esas circunstancias en un hermoso testimonio de su amor y provisión.

Metas para el día

- Lee Génesis 39.
- Pasa tiempo en oración pidiéndole a Dios que te conceda favor en tus circunstancias actuales.

Fe en acción

José tenía buenas razones para sentirse amargado, pero sabiamente eligió no estarlo. ¿Sientes resentimiento por heridas del pasado? Escribe tus sentimientos abajo y pide a Dios que te ayude a lidiar con la amargura.

____

____

____

____

____

¡Confío en ti, Maestro! Por fe, miro más allá del pasado y del presente hacia el tremendo futuro que has planeado para mí. Convierte mis circunstancias negativas en un testimonio de tu amor y provisión.

DÍA 23

Obediencia fiel

Lectura bíblica: 1 Pedro 1:1-15 Versículo clave: 1 Pedro 1:7

Para que la prueba de la fe de ustedes, más preciosa que el oro que perece, aunque probado por fuego, sea hallada que resulta en alabanza, gloria y honor en la revelación de Jesucristo.

Aunque José fue vendido como esclavo, se negó a estar amargado. Como resultado, Dios lo bendijo por medio de Potifar, un oficial egipcio que lo compró. Lo llevaron a la casa de Potifar y le dieron una gran responsabilidad. La Biblia nos dice que José fue un hombre exitoso (Génesis 39:2). Todo lo que Potifar tenía quedó bajo el cuidado de José.

Sin embargo, lo que sucedió después en la vida de José fue sin duda una prueba de su carácter y obediencia a Dios. Es bastante común que Dios pruebe nuestro nivel de obediencia. Un día, mientras José cumplía con sus deberes, la esposa de Potifar se le acercó con una tentación seductora. Quería que él cometiera adulterio con ella, pero José reconoció de inmediato el error y rechazó sus insinuaciones.

José dijo: «¿Cómo entonces podría yo hacer esta gran maldad y pecar contra Dios?» (Génesis 39:9). Su primer pensamiento fue lo que ese pecado haría a su relación con Dios. La obediencia era mucho más importante para José que un momento de placer físico.

La esposa de Potifar se enfureció y se volvió contra él mintiéndole a su esposo, y Potifar hizo encarcelar a José; no obstante, Dios estaba con él, orquestando las circunstancias de su vida para una bendición aún mayor.

Si estás enfrentando una situación que involucra tentación, planteate esta pregunta: ¿estoy a punto de hacer algo que me llevará a la ruina o dañará mi fe? Luego recuerda que la obediencia fiel siempre conduce a la bendición.

Metas para el día

- Lee 1 Pedro 1:1-15.
- Escribe 1 Pedro 1:5-7 en una tarjeta y dedica unos minutos cada día a memorizar el pasaje.

Fe en acción

Piensa en estas palabras de la lectura de hoy: «La obediencia fiel siempre conduce a la bendición». ¿Por qué crees que eso es cierto?

____

____

____

____

Precioso Señor, gracias por la fe que ya has puesto en mi corazón. Ayúdame a ser más fuerte cada día en mi camino espiritual de fe.

DÍA 24

Fe a la que aferrarse

Lectura bíblica: Génesis 7 Versículo clave: Hebreos 11:7

Por la fe Noé, siendo advertido por Dios acerca de cosas que aún no se veían, con temor reverente preparó un arca para la salvación de su casa, por la cual condenó al mundo, y llegó a ser heredero de la justicia que es según la fe.

Un antiguo dicho afirma que las personas somos «criaturas de hábitos». Por supuesto, nos gusta la variación ocasional en la rutina, pero buscamos la estabilidad tanto como sea posible. Si alguna vez te has sentido estresado al enfrentarte a lo desconocido, entonces tienes una pequeña idea de cómo se sintió Noé cuando Dios le dijo que construyera un arca. ¿Un arca? Probablemente no tenía una idea clara de cómo se veía hasta que el plano de Dios comenzó a tomar forma.

En un solo encuentro, el concepto de vida diaria de Noé dio un giro violento. Aunque estaba rodeado por una sociedad egoísta y sensual que no tenía interés en Dios, sabía dónde estaban él y su familia. Pero, de repente, su visión del futuro cambió para siempre. No más vecinos, ni pueblos, ni ruido de multitudes, ni mercado; ¿cómo sería el mundo?

Hebreos 11:7 dice que, a pesar de las preguntas: «Por la fe Noé, siendo advertido *por Dios* acerca de cosas que aún no se veían, con temor reverente preparó un arca para la salvación de su casa [...] y llegó a ser heredero de la justicia que es según la fe». Noé solamente pudo aferrarse a la fe; Dios era literalmente su único puerto en la tormenta.

Entonces, cuando tus circunstancias se vuelvan un caos, cuando no tengas las respuestas, confía en el Señor. Su plan es perfecto.

Metas para el día

- Lee Génesis 7.
- Dedica unos momentos a reflexionar acerca de la obediencia de Noé. ¿Qué lo motivó a obedecer? ¿Qué habría pasado si no lo hubiera hecho?

Fe en acción

Vivir una vida con propósito y paz depende de obedecer a Dios, incluso cuando no tiene sentido. ¿Hay alguna situación en tu vida en la Dios te está llamando a obedecer?

____

____

____

____

____

Dios todopoderoso, tú eres mi puerto en cada tormenta de la vida. Cuando mis circunstancias son confusas, cuando no tengo todas las respuestas, ayúdame a confiar en ti. Tu plan es perfecto siempre.

DÍA 25

LOS CIMIENTOS DE LA FE

Lectura bíblica: Mateo 7:24-29 Versículo clave: Romanos 8:35

¿Quién nos separará del amor de Cristo? ¿Tribulación, o angustia, o persecución, o hambre, o desnudez, o peligro, o espada?

Imagina que alguien se te acerca hoy y te dice: «Aquí tienes diez millones de dólares. Construye la casa de tus sueños». Lo más probable es que no elijas un terreno pobre lleno de arena. No usarás la madera más barata, nudosa y medio podrida que puedas encontrar. Por supuesto que no. Buscarás el mejor terreno y los materiales de construcción de la más alta calidad que puedas permitirte.

Pero cuando se trata de construir una base sólida para sus vidas, muchas personas se conforman con materiales inferiores: posesiones, fama o seguridad financiera. A primera vista, estas cosas parecen lo suficientemente confiables, pero bajo el duro impacto de una crisis personal se desmoronan. Un incendio puede consumir las posesiones; la fama puede desaparecer con una mala noticia; una economía en declive o un despido pueden destruir la seguridad financiera.

Por eso, Jesús quería que vieras más allá de lo temporal hacia lo eterno. Él dijo: «Por tanto, cualquiera que oye estas palabras Mías y las pone en práctica, será semejante a un hombre sabio que edificó su casa sobre la roca [...] soplaron los vientos y azotaron aquella casa; pero no se cayó» (Mateo 7:24-25).

Necesitas el cimiento a prueba de terremotos que es Cristo para superar las tormentas de la vida (Romanos 8:35). Solo sobre sus cimientos sólidos puedes encontrar una seguridad que sobrevive a todo problema. Construye tu vida sobre el cimiento de la fe: Jesucristo.

Metas para el día

- Lee Mateo 7:24-29.
- Dedica unos momentos a la oración para agradecer a Dios por ser un cimiento confiable y sólido.

Fe en acción

¿Sobre qué tipo de cimiento has construido tu vida? ¿Hay cambios que necesitas hacer?

____

____

____

____

____

Amado Dios, no quiero construir con materiales inferiores: posesiones, fama o seguridad financiera, porque esas cosas se desmoronan. Dame poder para construir mi vida sobre los cimientos de tu Palabra y de tu Hijo Jesucristo.

DÍA 26

EL HUMILDE PASO DE FE

Lectura bíblica: 2 Reyes 5 Versículos clave: 1 Pedro 5:5-6

Asimismo ustedes, los más jóvenes, estén sujetos a los mayores. Y todos, revístanse de humildad en su trato mutuo, porque DIOS RESISTE A LOS SOBERBIOS, PERO DA GRACIA A LOS HUMILDES. *Humíllense, pues, bajo la poderosa mano de Dios, para que Él los exalte a su debido tiempo.*

Algunas veces, los grandes ejemplos de fe vienen en paquetes pequeños y poco atractivos. Para Naamán, el capitán leproso del ejército de Siria, su momento de fe llegó cuando se sumergió en agua sucia, lejos de su casa. En un inicio, Naamán se sintió insultado. Después de todo el esfuerzo que había hecho para viajar a un país extranjero, el profeta al que fue a visitar no lo recibió como lo haría un buen anfitrión. Peor aún, Eliseo le envió órdenes por medio de un simple sirviente para que se lavara en el Jordán.

Naamán se indignó tanto por la supuesta ofensa de Eliseo que se negó a realizar el único acto que podría salvarlo de su devastadora enfermedad. Finalmente, sus siervos lo persuadieron para que dejara de lado su orgullo. Le dijeron con franqueza: «Padre mío, si el profeta le hubiera dicho *que* hiciera *alguna* gran cosa, ¿no *la* hubiera hecho? ¡Cuánto más cuando le dice a usted: "Lávese, y quedará limpio"!» (2 Reyes 5:13).

Cuando Naamán se detuvo a considerar esas palabras, comprendió que su negativa a humillarse delante de Dios le costaría la vida. Rápidamente obedeció las instrucciones de Eliseo dadas por el Señor, y su carne fue restaurada.

¿Le dices «sí» a Dios en las cosas pequeñas? ¿Te conformas con seguir su voluntad cuando no recibes ningún reconocimiento? Sin importar la tarea, Dios siempre recompensa el paso humilde de fe.

Metas para el día

- Lee 2 Reyes 5.
- Dedica unos minutos a reflexionar sobre cómo Naamán casi perdió la vida por orgullo. ¿De qué manera el orgullo constituye una amenaza en tu vida espiritual?

Fe en acción

¿Cómo describirías la diferencia entre humildad y orgullo? ¿Cuáles son las consecuencias de cada uno?

____

____

____

____

____

____

Padre Dios, haz que me contente con seguir tu voluntad, incluso cuando no reciba gloria alguna. Sin importar cuán pequeña o grande sea la tarea, permíteme avanzar con una fe humilde.

DÍA 27

Fe inconmovible

Lectura bíblica: Juan 20:24-39 Versículo clave: Juan 20:29

Jesús le dijo: «¿Porque me has visto has creído? Dichosos los que no vieron, y sin embargo creyeron».

El apóstol Tomás se sintió abandonado. Aquel a quien había seguido de cerca y servido por casi tres años ya no estaba. Una fría cueva de piedra guardaba el cuerpo golpeado y desgarrado de Jesús, y nadie sabía qué hacer después.

Más tarde, aquel sábado, cuando Tomás llegó a la reunión de los discípulos, el ánimo de ellos había cambiado por completo. «¡Hemos visto al Señor!», exclamaron. Pero Tomás no podía compartir su entusiasmo. Él no había visto al Señor y no quería exponerse a otra decepción. Su enfoque se había perdido, su gran visión del futuro estaba destrozada y su fe sacudida.

¿Te has sentido así alguna vez? Una experiencia negativa te dejó una mala impresión y temes volver a confiar. Un desengaño más y no estás seguro de cómo podrías reaccionar. Si pudieras tener un destello de Dios en los tiempos oscuros, tendrías esperanza.

Jesús se encontró con Tomás justo donde él estaba, en medio de su fe vacilante. El Cristo vivo se presentó ante él cara a cara y le dijo que tocara sus manos y su costado. Tomás respondió con una de las confesiones de fe más conmovedoras de la Escritura: «¡Señor mío y Dios mío!» (Juan 20:28).

Mira a Jesús. Él es real y está ahí para encontrarse contigo en la hora más sombría. Tendrás la misma respuesta cuando lo veas tal como Él es.

Metas para el día

- Lee Juan 20:24-39.
- Dedica unos momentos a considerar la historia de Tomás. Identifica las áreas de tu vida en las que eres propenso a dudar.

Fe en acción

Jesús invitó a Tomás a acercarse y examinar sus manos marcadas. ¿En qué áreas crees que Jesús podría estar invitándote a acercarte más?

____

____

____

____

____

Oh Señor, a veces las sombras del pasado me hacen sentir miedo de volver a confiar. En esos tiempos oscuros, encuéntrame donde estoy. Déjame verte tal como eres. Déjame tocarte con la mano de la fe.

DÍA 28

El camino de la fe

Lectura bíblica: Hebreos 11 Versículo clave: Hebreos 11:6

Y sin fe es imposible agradar a Dios. Porque es necesario que el que se acerca a Dios crea que Él existe, y que recompensa a los que lo buscan.

Hebreos 11 es un capítulo cargado de emoción. Ante ti se despliegan las sagas espirituales de generaciones que depositaron su confianza inquebrantable en Dios, quien los llevó a aventuras más allá de su imaginación. Algunos nunca vieron el resultado final de su fe, pero muchos sí lo presenciaron. ¿Notas algunos elementos comunes entre sus experiencias? Por diferentes que fueran sus historias particulares, ciertos principios fueron verdaderos para todos ellos.

La fe fue el camino de las pruebas. Noé ciertamente no pidió el ridículo y la duda de sus vecinos. Moisés habría preferido una salida de Egipto más fácil. Pero Dios usó los tiempos difíciles con el fin de prepararlos para el futuro y que fueran un testimonio aún más poderoso para otros.

La fe fue el camino del mayor malentendido. La decisión de Abraham de seguir a Dios dondequiera que Él lo guiara seguramente resultó confusa para algunos. Desde un punto de vista terrenal, no tenía sentido que Rahab escondiera a los espías israelitas. Sin embargo, desde la perspectiva de Dios, su obediencia sin reservas abrió la puerta a su bendición.

La fe fue el camino de la paciencia. David tuvo que esperar muchos años antes de que Dios cumpliera su promesa de darle el reinado. Y muchos de los creyentes del Nuevo Testamento fueron ejecutados después de prolongados periodos de persecución. La recompensa final de Dios para ellos fue (y es) digna de toda espera.

Metas para el día

- Lee Hebreos 11.
- Repasa el versículo del día, Hebreos 11:6. Encierra en un círculo las palabras o frases que más te llamen la atención en este pasaje.

Fe en acción

¿Cuál de las historias de Hebreos 11 te inspira más? ¿Por qué?

____

____

____

____

____

Amado Padre celestial, reconozco que el camino de la fe suele ser un viaje de pruebas. Usa los tiempos difíciles con el fin de prepararme para el futuro. Dame paciencia para soportar las horas más oscuras.

DÍA 29

MANTENER LA FE

Lectura bíblica: Daniel 6 Versículo clave: Hebreos 11:33

Quienes por la fe conquistaron reinos, hicieron justicia, obtuvieron promesas, cerraron bocas de leones.

Había una conspiración en marcha. Algunos asesores políticos decidieron que era momento de darle un giro negativo a los esfuerzos de uno de los altos oficiales para asegurarse de que cayera de la gracia del director ejecutivo. Su plan funcionó. Las lealtades del oficial fueron puestas en duda y no pasó mucho tiempo antes de que pagara el precio.

Podría sonar como parte de la trama de una novela moderna, pero en realidad es una historia muy antigua: la de cómo terminó Daniel en el foso de los leones. Daniel se mantuvo firme en obediencia, negándose a orar a cualquier otro que no fuera el Señor Dios, y su decisión iba en contra de la nueva ley que exigía adorar solo al rey Darío durante treinta días.

Asumir una postura de fe a menudo conlleva consecuencias negativas, al menos desde una perspectiva terrenal. Aquellos que no reconocen a Dios como Señor suelen molestarse con los que sí lo hacen, y las manifestaciones radicales de humilde dependencia de Él pueden irritarlos todavía más.

Si alguna vez has sido víctima de burlas, acoso o represalias por parte de compañeros, «amigos», colegas o supervisores a causa de mantenerte firme en una convicción bíblica, entonces entiendes un poco lo que sintió Daniel. Tal vez nunca hayas enfrentado represalias tan graves en tu vida, pero el principio es el mismo: Dios puede transformar una respuesta negativa en algo para su gloria. Dios cerró las bocas de los leones, y también puede silenciar a tus detractores.

Metas para el día

- Lee Daniel 6.
- Detente unos minutos para reflexionar sobre la historia de Daniel. ¿En qué aspectos puedes identificarte con él?

Fe en acción

La lectura de hoy dice: «Dios cerró las bocas de los leones, y también puede silenciar a tus detractores». Escribe una oración pidiendo a Dios que se ocupe de los «leones» en tu vida.

____

____

____

¡Permanezco en mi postura, Señor! Te honro como el Señor de mi vida. Confío en que tú transformarás lo negativo en positivo en cada área de mi vida. Tú defiendes mi causa. Dejo mi caso en tus manos.

Dios puede transformar una respuesta negativa en algo para su gloria. Él cerró las bocas de los leones, y también puede silenciar a tus detractores

DÍA 30

Obstáculos para una vida con propósito

Lectura bíblica: Salmos 25 Versículo clave: Salmos 25:14

Los secretos del Señor son para los que le temen,
y Él les dará a conocer Su pacto.

Los obstáculos para la fe nos impiden cumplir la voluntad de Dios. Una mala autoimagen, el desconocimiento de quién es Dios, la duda, los sentimientos de incapacidad, el miedo al fracaso, los deseos y acciones egoístas; todo esto contribuye a una falta de fe en Dios. Eso sucede porque cada vez que nuestros ojos de fe se desvían de Jesucristo hacia nosotros mismos o hacia nuestras circunstancias, perdemos el enfoque espiritual. En algún momento, todos luchamos con sentimientos de duda y baja autoestima; sin embargo, esos son solo sentimientos y no tienen nada que ver con la verdad.

Jesús señaló claramente que Satanás es el padre de la mentira (Juan 8:44). El maligno es incansable en su intento de alejarte de Dios. Susurrar pensamientos de duda y sentimientos de autocompasión constituye una manera fácil de que su trabajo destructivo avance.

¿Cómo puedes romper los obstáculos para la fe como los que acabamos de mencionar?

En primer lugar, aprende a escuchar solamente a Dios. Si no estás seguro de lo que oyes, acude a su Palabra y pídele que te revele su voluntad.

En segundo lugar, sé valiente y no tengas miedo de confiar en Dios. Él nunca le ha fallado a nadie, y no te fallará a ti.

En tercer lugar, cuando Él te diga que avances con fe, hazlo y permite que Él se encargue de las consecuencias de tu obediencia.

En cuarto lugar, después de obedecer, busca evidencias de su bendición en tu vida. La obediencia es la puerta de entrada a la bendición, y Dios bendice a quienes lo honran con su vida.

Metas para el día

- Lee el Salmo 25.
- Dedica unos minutos a orar pidiendo a Dios que te muestre los obstáculos que te impiden avanzar en su propósito para tu vida.

Fe en acción

¿Qué mentiras eres propenso a creer que te impiden avanzar con fe? ¿Cómo pueden ayudarte los cuatro pasos de la lectura de hoy a superarlas?

____

____

Padre, elijo escuchar tu voz y confiar en ti en toda circunstancia. Que este día sea de nueva dirección en mi caminar espiritual mientras avanzo con fe y obediencia.

DÍA 31

La salida de Egipto

Lectura bíblica: Éxodo 19 Versículo clave: Éxodo 19:4

Ustedes han visto lo que he hecho a los egipcios, y cómo los he tomado sobre alas de águilas y los he traído a Mí.

Durante cuatrocientos treinta años, el pueblo de Dios fue esclavizado en Egipto hasta que Moisés llegó con la poderosa declaración de liberación de Dios: «¡Deja ir a mi pueblo!» (Éxodo 5:1). El dramático viaje de Israel para salir de Egipto es un símbolo de nuestra liberación del pecado, y el mensaje de Dios para nosotros hoy es el mismo que para Israel. Él quiere un pueblo apartado: «"Por tanto, SALGAN DE EN MEDIO DE ELLOS Y APÁRTENSE", dice el Señor; "Y NO TOQUEN LO INMUNDO, y Yo los recibiré"» (2 Corintios 6:17).

Parte de vivir una vida con propósito, pasión y paz implica ser liberados del poder del pecado. Es hora de dejar atrás la esclavitud de nuestro Egipto espiritual. No importa cuántas veces en el pasado lo hayas intentado y hayas fracasado; esta vez será diferente. La luz de la Palabra de Dios señala el camino, y Él te llevará sobre alas de águila.

Metas para el día

- Lee Éxodo 19.
- Toma unos minutos para identificar los pecados con los que más batallas en esta etapa de tu vida.

Fe en acción

La lectura de hoy dice: «Vivir una vida con propósito, pasión y paz implica ser liberados del poder del pecado». Escribe una oración pidiéndole a Dios que te ayude a vencer cualquier pecado que te esté reteniendo y manteniendo en esclavitud.

____

____

____

____

____

____

Padre, confieso que hay pecados habituales en mi vida. Te pido en el nombre de Jesús que me liberes de todo lo que me impida cumplir tu voluntad y vivir la vida que tú quieres para mí.

DÍA 32

ANDAR POR FE

Lectura bíblica: Romanos 8:35-39 Versículo clave: Romanos 8:37

Pero en todas estas cosas somos más que vencedores por medio de Aquel que nos amó.

¿Alguna vez te has preocupado por si puedes confiar en Dios? Muchos lo niegan, pero sus acciones dicen algo diferente. ¿Alguna vez oraste por algo y sentiste como si tus oraciones no recibieran respuesta? Con el tiempo, es fácil pensar que tal vez estaría bien «ayudar un poco» a Dios, darle un pequeño empujón para que las cosas comiencen. Pero tal vez quieras considerar lo siguiente:

Dios es soberano. Él es personal y amoroso. No se ha olvidado de ti. Aunque es posible que tengas que esperar la respuesta a tus oraciones, cuando llegue será una bendición maravillosa porque estuviste dispuesto a esperar y confiar en Él para recibir la respuesta.

Dios es infinitamente sabio. Todo conocimiento sobre todas las cosas le pertenece. Él lo sabe todo. El amor profundo y el compromiso hacia quienes han aceptado a su Hijo como Salvador son marcas de su cuidado personal; por tanto, ha provisto un camino para que el pecado sea erradicado de tu vida. Con sabiduría y misericordia, desea que vivas libre de la esclavitud del pecado y del fracaso.

Dios ama de forma perfecta y completa. Él puede suplir todas tus necesidades. Tal vez te preguntes cómo puede ser eso, especialmente porque no puedes verlo ni tocarlo. Pero, en lo más profundo de los recursos de su amor, hay contentamiento y una paz que te esperan. Nada de lo que el mundo ofrece puede reproducir estas cosas.

Metas para el día

- Lee Romanos 8:35-39.
- Repasa el versículo clave del día, Romanos 8:37. Escríbelo en una tarjeta o en tu teléfono. Junto al pasaje bíblico, anota una paráfrasis con tus propias palabras.

Fe en acción

Piensa en los puntos de la lectura de hoy: Dios es soberano, Dios es infinitamente sabio y Dios ama de forma perfecta y completa. ¿Con cuál de estas verdades te identificas más en este momento?

____

____

____

____

____

Padre Dios, tú eres soberano y sabio. Sabes todo acerca de mi vida. Me amas de forma perfecta y completa, y tienes la capacidad de suplir todas mis necesidades. ¡Gracias porque no te has olvidado de mí!

DÍA 33

La verdad acerca del pecado

Lectura bíblica: Romanos 7:18-25 Versículo clave: Romanos 5:12

Por tanto, tal como el pecado entró en el mundo por medio de un hombre, y por medio del pecado la muerte, así también la muerte se extendió a todos los hombres, porque todos pecaron.

La condición natural del hombre es pecaminosa; el resultado directo de la caída y la rebelión que Adán y Eva demostraron en el jardín del Edén. Nuestra naturaleza caída se evidencia en sentimientos y emociones como celos, ira, miedo, resentimiento, falta de perdón, lujuria y otros muchos. Si el pecado no se enfrenta, afectará negativamente nuestra relación con Dios y nos impedirá vivir la vida que Él desea para nosotros.

Cuando el apóstol Pablo tomó consciencia de la profundidad de su pecado, clamó: «¡Miserable de mí! ¿Quién me libertará de este cuerpo de muerte?» [refiriéndose a la muerte espiritual] (Romanos 7:24).

Enfrentarnos cara a cara con nuestra pecaminosidad debería producir la misma respuesta en nosotros. Si estuviéramos solos, sin pensar en Dios, el pecado controlaría nuestras vidas. Únicamente por la gracia de Dios y la misericordia de Jesucristo podemos decir junto con el apóstol Pablo: «Gracias a Dios, por Jesucristo Señor nuestro» (Romanos 7:25).

Solo Jesucristo puede salvarnos de las garras del pecado. Solo Él puede cambiar la naturaleza de nuestro corazón y darnos una nueva vida. Podemos elegir vivir para Él y apartarnos del mal, pero primero debemos llegar al punto en que veamos nuestro pecado como Él lo ve. Nada tiene de glamuroso el pecado. Nos impide experimentar todo lo que Dios tiene para nosotros.

Metas para el día

- Lee Romanos 7:18-25.
- Pídele a Dios que saque a la luz cualquier cosa en tu vida que refleje la vieja naturaleza pecaminosa. Ora para caminar fielmente en la gracia que Él provee en Jesús.

Fe en acción

Escribe cualquier pensamiento que vino a tu mente durante tu tiempo de oración. ¿Hay pecados no confesados que necesites tratar?

____

____

____

Amado Señor, gracias por salvarme de las garras del pecado, por cambiar mi naturaleza y darme nueva vida. Elijo vivir para ti y apartarme del mal. Saca a la luz cualquier cosa en mi vida que refleje la vieja naturaleza pecaminosa, y después ayúdame a caminar fielmente en la gracia que me has dado por medio de Jesús.

DÍA 34

CÓMO LIDIAR CON EL PECADO

Lectura bíblica: Romanos 6:15-23 Versículo clave: Romanos 6:22

Pero ahora, habiendo sido libertados del pecado y hechos siervos de Dios, tienen por su fruto la santificación, y como resultado la vida eterna.

Has aceptado a Jesucristo como tu Señor y Salvador, reconociendo que Él pagó el castigo por tus pecados en la cruz. Sabes que eres perdonado, limpiado y justo ante los ojos de Dios; pero, aun así, un pecado en particular te atormenta. Piensas que se ha ido y que la lucha ha terminado, pero la tentación regresa. Cedes de nuevo en un momento de debilidad o cuando tu guardia está baja. Tal vez incluso te preguntas cómo es posible que Dios todavía te ame.

No estás solo. Pablo expresó el mismo sentimiento de frustración y exasperación. Él dijo: «Pues no hago el bien que deseo, sino el mal que no quiero, eso practico» (Romanos 7:19). Pablo sabía que, aunque era salvo, el poder del pecado seguía ahí, librando una batalla diaria contra su nueva naturaleza.

¿Cuál es la solución? Primero, debes ver tu pecado, incluyendo el pecado recurrente, tal como es: una ofensa contra un Dios santo que solo puede ser eliminada por la sangre de Jesús. Confiesa ese pecado específico ante Él y rehúsa enredarte en una culpa falsa. Eres perdonado gratuitamente.

Recuerda que le perteneces a Él por completo; nada más tiene el poder de mantenerte cautivo. Acude a Aquel que te libera del pecado cuando llegue la tentación, y vencerás siempre.

Metas para el día

- Lee Romanos 6:15-23.
- Dedica unos minutos a reflexionar sobre cómo has enfrentado el pecado en el pasado. ¿Lo minimizas e ignoras, o te sientes motivado a confrontarlo y confesarlo?

Fe en acción

La lectura de hoy decía: «Recuerda que le perteneces a Él por completo; nada más tiene el poder de mantenerte cautivo». Escribe una oración pidiéndole a Dios que te ayude a enfrentar la tentación y el pecado.

____

____

____

____

Padre celestial, confieso mis pecados recurrentes como ofensas contra ti. Por favor, límpialos con la sangre de Jesús. Quita mi culpa y ayúdame a recordar que soy perdonado y liberado. Nada tiene el poder de mantenerme cautivo.

DÍA 35

CONFESIÓN Y PERDÓN

Lectura bíblica: 1 Juan 1:5–2:2 Versículos clave: Colosenses 2:13-14

Y cuando ustedes estaban muertos en sus delitos y en la incircuncisión de su carne, Dios les dio vida juntamente con Cristo, habiéndonos perdonado todos los delitos, habiendo cancelado el documento de deuda que consistía en decretos contra nosotros y que nos era adverso, y lo ha quitado de en medio, clavándolo en la cruz.

¿Qué papel juega la confesión de pecados en la vida de un creyente? La respuesta a esta pregunta a menudo oscila entre dos extremos. Algunos dicen que, dado que Jesús es la expiación suficiente por todos nuestros pecados cuando lo aceptamos como Salvador, la confesión de pecados específicos no es necesaria en absoluto. Otros creen que es necesaria una confesión detallada cada vez que pecamos para que Dios se sienta motivado a seguir perdonándonos.

Ninguna de estas ideas ve el perdón desde la perspectiva de Dios. Colosenses 2:13-14 explica una verdad esencial: «Y cuando ustedes estaban muertos en sus delitos [...] Dios les dio vida juntamente con Cristo, habiéndonos perdonado todos los delitos [...] y lo ha quitado de en medio, clavándolo en la cruz».

La sangre de Jesús cubre todos tus pecados: pasados, presentes y futuros. En la confesión, estás de acuerdo con Dios en que lo que has hecho es pecado, que es absolutamente incorrecto y contrario a sus planes.

Él quiere que le digas claramente lo que has hecho para que puedas experimentar el poder de su perdón. A fin de restaurar tu comunión con el Señor, confiesa las cosas que tensan tu relación con Él. Deja tus pecados a sus pies, uno por uno, y sentirás cómo se levanta la carga de tu corazón.

Metas para el día

- Lee 1 Juan 1:5–2:2.
- Repasa los versículos del día, Colosenses 2:13-14, y dedica unos minutos a pensar cómo se aplican a tu vida.

Fe en acción

El pecado no confesado robará tu paz. Dedica unos momentos a confesar cualquier pecado que conozcas y pídele a Dios que te perdone y te restaure.

___

___

___

___

Padre, gracias porque la sangre de tu Hijo Jesús cubre todos mis pecados: pasados, presentes y futuros. Uno por uno, te presento mis pecados. Quita de mi corazón su pesada carga.

DÍA 36

UN HECHO CONSUMADO

Lectura bíblica: Salmos 25 Versículo clave: Isaías 43:25

Yo, Yo soy el que borro tus transgresiones por amor a Mí mismo, y no recordaré tus pecados.

Dios nunca se burla de nosotros ni nos hace sentir indignos. En cambio, leemos estas palabras de Jesús:

> «Como el Padre me ha amado, *así* también Yo los he amado; permanezcan en Mi amor» (Juan 15:9).
>
> «Si ustedes permanecen en Mi palabra, verdaderamente son Mis discípulos; y conocerán *la verdad, y la verdad los hará libres*» (Juan 8:31-32, énfasis añadido).
>
> «Los he llamado amigos, porque les he dado a conocer todo lo que he oído de Mi Padre» (Juan 15:15).

Amor y verdad. Dios es amor y la fuente de toda verdad. El amor que tiene por ti es el mismo amor que tiene por su Hijo, el Señor Jesucristo. Él te da este amor por medio de su gracia y misericordia. Es un amor puro, que no está manchado por culpa u obligación.

Sin importar cuán profundo sea tu pecado pasado, Dios está cerca para liberarte con la verdad de su Palabra. Nada es más fuerte que su amor. Cuando Él perdona, olvida (Salmos 103:12; Isaías 43:25). Una vez que has confesado tu pecado, no hay necesidad de rogar o suplicar por su perdón. ¡Es un hecho consumado!

Puedes caminar libremente en la luz de su amor porque Él te llama su hijo. Tu vida está grabada en la palma de su mano. Eres la niña de sus ojos; todo el cielo se goza al ver tu nombre escrito en el libro de la vida del Cordero.

Metas para el día

- Lee el Salmo 25.
- Repasa los versículos bíblicos que aparecen en la lectura de hoy. ¿Con cuál de ellos te identificas más en este momento?

Fe en acción

La lectura de hoy decía: «Dios es amor y la fuente de toda verdad. El amor que tiene por ti es el mismo amor que tiene por su Hijo, el Señor Jesucristo». Escribe una oración de agradecimiento a continuación, diciéndole lo que esta realidad significa para ti.

____

____

____

Oh Dios, gracias por liberarme del pecado con el poder de tu Palabra. Mientras recorro la senda de la vida, permíteme caminar libremente en la luz de tu amor. Haz que me sienta seguro en mi relación contigo.

DÍA 37

El mercado de esclavos del pecado

Lectura bíblica: Juan 8:30-36 Versículo clave: Gálatas 5:13

Porque ustedes, hermanos, a libertad fueron llamados; solo que no usen la libertad como pretexto para la carne, sino sírvanse por amor los unos a los otros.

El autor Neil Anderson habló de una ocasión en la que estaba conversando con un grupo de personas sobre el hecho de vivir una vida libre de ataduras. Un hombre intervino y dijo que había disfrutado de cierta actividad durante la mayor parte de su vida sin sentir ni una pizca de esclavitud.

Hice una pausa por un segundo, señaló Anderson, y luego le dije: «Bueno, felicitaciones, pero ¿puedes dejarlo?».

No escuché otra respuesta de él hasta el final de la clase, cuando todos se fueron. Se me acercó y dijo: «¿Y por qué querría dejarlo?».

Yo le respondí: «Esa no fue mi pregunta; pregunté si *podías* dejarlo. Lo que crees que es libertad en realidad no es libertad en absoluto: es esclavitud».

Cualquiera que actúe como su propio dios está esclavizado a su naturaleza pecaminosa. Fuimos vendidos en el mercado de esclavos

> del pecado. Jesús nos compró del reino de las tinieblas y nos salvó de nosotros mismos. No nos pertenecemos; fuimos comprados a un precio muy alto: la preciosa sangre de Cristo. Ya no somos esclavos del pecado sino siervos de Cristo.[1]

Muchos de nosotros podemos identificarnos con esta historia. Tal vez tu pecado es el chisme. O quizá tienes dificultad para decir la verdad. Quieres que la gente piense bien de ti, así que creas historias que te presentan bajo una luz heroica.

Cualquiera que sea la debilidad, Dios puede liberarte. Pídele que saque a la luz cualquier pecado en tu vida. ¿Estás dispuesto a dejarlo para vivir en libertad?

Metas para el día

- Lee Juan 8:30-36.
- Repasa el versículo clave del día, Gálatas 5:13. Dedica unos minutos a pensar cómo explicarías el significado de este pasaje a un amigo.

Fe en acción

¿Puedes identificarte con la historia de la lectura de hoy? Si es así, anota cualquier hábito, pensamiento o actitud que te haya mantenido atado. Acostúmbrate a confesar tus pecados diariamente y pedirle a Dios su perdón y liberación.

____

____

____

____

____

____

Señor, ¡quiero vivir libre! Toma toda atadura. Limpia todo pecado. Saca a la luz cada área de mi vida que necesite un cambio. Estoy dispuesto a dejarlo todo para vivir libre.

DÍA 38

«SUCEDIÓ EN LA PRIMAVERA»

Lectura bíblica: 2 Samuel 11:1-5 Versículo clave: Salmos 28:8

El SEÑOR es la fuerza de su pueblo, y Él es defensa salvadora de Su ungido.

Las siguientes palabras pueden recordarnos el inicio de una hermosa novela: «Sucedió en la primavera, en el tiempo en que los reyes salían a la guerra...». Sin embargo, la belleza poética se desvanece rápidamente y se convierte en tragedia cuando leemos cómo David cedió a la tentación. El peligro que se nos advierte a gritos es el de pensar que estamos por encima de todo reproche y que nunca podríamos caer como lo hizo David. Nadie es inmune al pecado. Solo manteniendo puro nuestro caminar espiritual delante de Dios se nos da la fuerza para decir no a la tentación.

David pudo dar media vuelta y caminar en la dirección opuesta. En cambio, se detuvo y permitió que sus ojos se posaran sobre algo que lo llevaría a la ruina. El simple hecho de que permaneciera en Jerusalén cuando otros reyes estaban en batalla nos deja ver que David se había vuelto blando y perezoso. Envió a su comandante de campo a luchar en su lugar, sin detenerse a pensar que el enemigo estaba agazapado a su lado, esperando la oportunidad para atacar.

Si estás luchando contra una tentación en particular, observa cómo David se entregó al pecado. Pídele a Dios que te muestre la manera de evitar volverte perezoso en tu caminar espiritual, aprovechando las cosas buenas que Él te da. David tenía un amor sincero por el Señor. Una vez que reconoció su pecado, se apartó de él y Dios lo restauró.

Metas para el día

- Lee 2 Samuel 11:1-5.
- Dedica unos minutos a pensar qué fue lo que más te llamó la atención en la lectura de hoy.

Fe en acción

Hoy leíste: «David tenía un amor sincero por el Señor. Una vez que reconoció su pecado, se apartó de él y Dios lo restauró». ¿Por qué es el ejemplo de David un modelo para el arrepentimiento?

____

____

____

____

____

____

Precioso Señor, no soy inmune al pecado. Ayúdame a mantener puro mi caminar espiritual delante de ti para que tenga la fuerza de decir no a la tentación.

DÍA 39

REDENCIÓN COMPLETA

Lectura bíblica: 2 Samuel 12:1-23 Versículo clave: Salmos 32:1

¡Cuán bienaventurado es aquel cuya transgresión es perdonada, cuyo pecado es cubierto!

Cuando su pecado salió a la luz, David quedó lleno de remordimiento. A lo largo de los años había disfrutado de una relación cercana y personal con Dios. Cuando se dio cuenta de que su comunión con Dios estaba en peligro, clamó: «He pecado contra el SEÑOR» (2 Samuel 12:13). Dios perdonó a David, pero las consecuencias de su pecado permanecieron, y el hijo que nació como resultado de su adulterio con Betsabé murió.

El pecado corrompe. Es como el óxido en un automóvil: penetra en el acabado y se oculta en lugares difíciles de ver. Muchas veces, cuando ya es demasiado tarde, el óxido queda expuesto, pero el vehículo está arruinado. David sabía que su única esperanza de restauración dependía del perdón de Dios.

El Salmo 32 es un hermoso testimonio del toque purificador de Dios en la vida de David. También constituye un testimonio de la misericordia y el perdón incondicional de Dios. No importa lo que hayas hecho, Dios puede y quiere perdonarte cuando te arrepientes. Él promete restaurar los años en que la langosta ha devorado: los años en que el pecado y la decepción consumieron tu pureza (Joel 2:25).

En Isaías 1:18, Él nos dice que hará que nuestros pecados sean blancos como la nieve. ¿Te estás repitiendo que Dios nunca podría usarte debido a algo que ocurrió en tu pasado? Esa es una mentira de Satanás. Dios usa las cosas rotas de este mundo para demostrar que su redención es completa y que se extiende a toda la humanidad.

Metas para el día

- Lee 2 Samuel 12:1-23.
- Piensa en esta pregunta de la lectura de hoy: «¿Te estás repitiendo que Dios nunca podría usarte debido a algo que ocurrió en tu pasado?». ¿De qué maneras podrías haberte sentido tentado a creer esta mentira?

Fe en acción

El arrepentimiento y el remordimiento de David fueron evidentes en los salmos que escribió. ¿Cómo ha influido tu caminar con Dios en tu modo de ver el mundo?

___

___

___

Padre celestial, restaura lo que la langosta ha consumido: los años que el pecado y la decepción han devorado. Tú tienes un gran plan para mí, sin importar mi pasado. Miro con anticipación hacia el futuro.

No importa lo que hayas hecho, Dios puede y quiere perdonarte cuando te arrepientes. Él promete restaurar los años en que la langosta ha devorado: los años en que el pecado y la decepción consumieron tu pureza (Joel 2:25).

DÍA 40

LIBERTAD DEL PECADO

Lectura bíblica: 1 Samuel 15 Versículos clave: Salmos 51:3-4

Porque yo reconozco mis transgresiones, y mi pecado está siempre delante de mí. Contra Ti, contra Ti solo he pecado, y he hecho lo malo delante de Tus ojos, de manera que eres justo cuando hablas, y sin reproche cuando juzgas.

Saúl desobedeció a Dios deliberadamente y, peor aún, mintió a sabiendas al profeta Samuel. Fue entonces cuando Samuel tuvo que dar el temido mensaje diciendo que Dios había rechazado a Saúl como rey.

¿Estaba Saúl arrepentido? Sí, pero nunca aceptó plenamente la culpa por sus acciones. Podemos escuchar su intento de justificación en su respuesta: «¡He pecado! —admitió Saúl—. He desobedecido la orden del SEÑOR y tus instrucciones. Los soldados me intimidaron y les hice caso» (1 Samuel 15:24, NVI).

Ahora observa las palabras del rey David, a quien Dios designó como gobernante después de Saúl. David también había pecado gravemente, pero dijo lo siguiente: «Yo reconozco mis transgresiones; siempre tengo presente mi pecado. Contra ti he pecado, solo contra ti» (Salmos 51:3-4, NVI).

¿Puedes ver la diferencia entre estas dos confesiones? Saúl realmente no se arrepintió, porque se negó a reconocer el pecado como suyo. Pero David lo entendía mejor: reconoció plenamente su pecado, pidió perdón a Dios y se apartó de sus caminos impíos.

Ese es el tipo de arrepentimiento que Dios quiere de ti. Él conoce tu corazón y tus debilidades, y quiere que las admitas y andes en el camino que Él ha trazado para ti. El Señor quiere que experimentes el alivio y la paz de ser perdonado por medio de Cristo.

Metas para el día

- Lee 1 Samuel 15.
- Repasa las palabras que David escribió en el Salmo 51. Reflexiona sobre las diferencias entre la confesión de Saúl y la de David.

Fe en acción

Escribe tu propia versión del Salmo 51. Dile a Dios en qué has pecado, revela cualquier área por la que sientas remordimiento y pídele que te restaure.

____

____

____

Señor, reconozco mis transgresiones; mi pecado está siempre delante de mí. Contra ti, y solo contra ti he pecado. Me arrepiento. Gracias por la sangre de Jesús que limpia mi pecado.

DÍA 41

El chivo expiatorio divino

Lectura bíblica: Levítico 16:1-22 Versículo clave: Isaías 53:6

Todos nosotros nos descarriamos como ovejas, nos apartamos cada cual por su camino; pero el Señor hizo que cayera sobre Él la iniquidad de todos nosotros.

A través de su uso repetido, el término *chivo expiatorio* se ha vuelto bastante familiar en nuestra cultura secular. Sin embargo, su significado («una parte inocente que recibe la culpa») tiene sus raíces en la antigua festividad hebrea conocida como el día de la expiación.

Este día santo ocurría una vez al año. El sumo sacerdote tomaba dos machos cabríos como ofrenda por el pecado para expiar las iniquidades del pueblo. Uno de los machos era sacrificado y su sangre se rociaba sobre el propiciatorio. El otro macho era enviado al desierto, después de que el sumo sacerdote pusiera sus manos sobre su cabeza y confesara sobre él los pecados de la nación. Mediante esta ceremonia, Dios mostraba su misericordia a los israelitas, lo cual permitía continuar su relación de pacto con ellos.

De manera muy parecida, Jesús se convirtió en el chivo expiatorio divino por los pecados del mundo. Él fue y es el «Cordero de Dios que quita el pecado del mundo» (Juan 1:29).

Nuestros pecados fueron puestos sobre Él en el Calvario. De hecho, nuestros pecados lo llevaron allí. Jesús cargó con la culpa de una vez por todas para que nosotros pudiéramos vivir. ¿Has confiado en su expiación? ¿Has acudido a Él para recibir el perdón de tus pecados? ¿Has sido sanado de tus transgresiones mediante su sacrificio?

Metas para el día

- Lee Levítico 16:1-22.
- Repasa el versículo del día, Isaías 53:6. ¿Qué es lo que más te llama la atención en este pasaje?

Fe en acción

Escribe tus pensamientos sobre la lección de hoy en el espacio de abajo.

____

____

____

____

____

Dios todopoderoso, gracias por el sacrificio de tu Hijo Jesús como el chivo expiatorio divino por mis pecados. Te alabo porque Él cargó con la culpa para que yo pudiera vivir. Me regocijo en la verdad liberadora de su expiación por mí.

DÍA 42

SENSIBILIDAD AL PECADO

Lectura bíblica: Números 22 Versículo clave: Salmos 139:23

Escudríñame, oh Dios, y conoce mi corazón;
pruébame y conoce mis inquietudes.

En Números 22 leemos cómo Balac, el rey moabita, intentó persuadir a Balaam para que profetizara contra Israel ofreciéndole al profeta pagano una suma considerable de dinero con el fin de que maldijera al pueblo elegido por Dios.

Dios advirtió a Balaam que no aceptara la oferta; sin embargo, cuando los hombres de Balac llegaron a su puerta con una suma muy grande de dinero, la tentación venció. Balaam volvió a consultar a Dios para ver si acaso había cambiado de opinión. El Señor le dio permiso para ir, pero se enojó con él por no obedecer su primera orden.

Dios conoce la verdadera motivación de nuestro corazón. Balaam les dijo a los hombres que iría con ellos, pero que solo podría decir lo que Dios le ordenara decir. Aquí está el problema: Balaam quería el dinero más que hacer lo correcto. Sabía que Dios no quería que fuera, pero estaba dispuesto a arriesgarlo todo para aprovechar la situación.

La única cosa que salvó a Balaam de la ira de Dios fue su asna. Ella vio a un poderoso ángel bloqueando el camino y se detuvo; sin embargo, Balaam se enojó tanto que la golpeó.

El Espíritu de Dios siempre revela el pecado, pero podemos elegir ir en contra de la advertencia de Dios comprometiendo nuestras convicciones. Cuando esto sucede, sufrimos por nuestra desobediencia. Por eso, pídele al Señor que te haga sensible al pecado. Promete tu devoción a Cristo, y Él guardará tu vida.

Metas para el día

- Lee Números 22.
- Repasa el versículo del día, Salmos 139:23, y úsalo como guía para tu propia oración.

Fe en acción

La lectura de hoy decía: «Pídele al Señor que te haga sensible al pecado. Promete tu devoción a Cristo, y Él guardará tu vida». ¿Estás dispuesto? Si es así, escribe tu propia oración expresándolo.

____

____

____

____

Amado Dios, hazme sensible al pecado. Revela las verdaderas motivaciones de mi corazón. Prometo mi devoción a Cristo. Que su poder y verdad guarden y dirijan mi camino espiritual.

DÍA 43

CONSECUENCIAS DE LAS CONCESIONES

Lectura bíblica: Jueces 2 Versículos clave: Jueces 2:1-2

El ángel del SEÑOR subió de Gilgal a Boquim y dijo a los israelitas: «Yo los saqué a ustedes de Egipto y los conduje a la tierra que había prometido a sus padres y les dije: "Jamás quebrantaré Mi pacto con ustedes, y en cuanto a ustedes, no harán pacto con los habitantes de esta tierra; sus altares derribarán". Pero no me han obedecido. ¿Qué es esto que han hecho?».

Peter Marshall dijo una vez: «Somos demasiado cristianos para disfrutar realmente pecar, y demasiado amantes del pecado para disfrutar el cristianismo. La mayoría de nosotros sabemos perfectamente bien lo que deberíamos hacer; nuestro problema es que no queremos hacerlo».[1]

D. L. Moody escribió sobre una ocasión en la que tuvo que defender sus convicciones personales en lugar de formar parte de una concesión:

> Una vez llegué a un lugar donde tuve que levantarme y salir. Me invitaron a una casa para una cena tardía, y había siete tipos de licor sobre la mesa. Me da vergüenza decir que eran personas cristianas.

> Un diácono animó a una joven a beber hasta que se le sonrojara la cara. Me levanté de la mesa y salí; sentí que no era lugar para mí. Me consideraron muy grosero. Eso iba contra la costumbre; pero era una protesta contra una cosa infernal. Vayamos contra la costumbre cuando nos lleva por mal camino.[2]

Algunas convicciones son evidentes porque Dios las señala en su Palabra y otras son personales entre tú y Él; sin embargo, el principio sigue siendo el mismo. Cuando Dios pone una advertencia delante de ti y tú vas deliberadamente contra su mandato, comprometes tu relación con Él. Dios no puede bendecir la desobediencia ni las concesiones. Si quieres lo mejor de Él, dile que dondequiera que te guíe lo seguirás, renunciando a todo lo que no le dé gloria y honor a Él.

Metas para el día

- Lee Jueces 2.
- Pasa unos minutos pensando en cómo la desobediencia y las concesiones impiden que los creyentes experimenten lo mejor de Dios.

Fe en acción

La lectura de hoy decía: «Dios no puede bendecir la desobediencia ni las concesiones». ¿Cómo describirías la diferencia entre desobediencia y concesión? ¿Por qué ambas son peligrosas?

____

____

____

____

____

____

Señor, tú no puedes bendecir la desobediencia ni las concesiones, por eso quiero seguir adonde tú me guíes, renunciando a todo lo que no te dé gloria y honor a ti.

DÍA 44

EL REMEDIO PARA EL PECADO

Lectura bíblica: 2 Corintios 5:14-21 Versículo clave: Romanos 8:1

Por tanto, ahora no hay condenación para los que están en Cristo Jesús, los que no andan conforme a la carne sino conforme al Espíritu.

D. L. Moody dijo una vez: «Mirar la herida del pecado nunca salvará a nadie. Lo que debemos hacer es mirar el remedio».[3]

Preocuparse por la tentación y los pecados pasados solo conduce a episodios de culpa. Si realmente quieres romper el patrón del pecado en tu vida, mira a la cruz de Jesucristo. Este es tu único remedio para el pecado. Fue allí donde Dios mostró su amor incondicional y su perdón para toda la humanidad.

Puede que pienses que lo que hiciste en el pasado es demasiado terrible para que Dios lo perdone; pero nada puede separarte del amor de Dios. Su perdón y limpieza son para todos los que acuden a Él. Tal vez seas un creyente que ha cedido a la tentación; Dios quiere liberarte de esa esclavitud. Sin embargo, la condena no es su camino (Romanos 8:1).

Él nos atrae mediante el regalo de su amor. No reprende a la persona por hacer mal; la convence mostrándole cómo su conducta destruye su gozo, su identidad y su satisfacción. Dios va tras el corazón. La Palabra provee instrucción sobre cómo vivir una vida consagrada; a esto añade su amor incondicional. Dios sabe que, cuando una persona conoce a Jesucristo, cambia eternamente y necesita ayuda para caminar en su nueva vida.

Metas para el día

- Lee 2 Corintios 5:14-21.
- Escribe el versículo clave del día, Romanos 8:1, en una tarjeta o en tu teléfono. Durante los próximos días, comprométete a memorizarlo.

Fe en acción

Toma unos momentos para pensar en Romanos 8:1. Escribe a continuación cómo parafrasearlo con tus propias palabras.

____

____

____

____

____

____

Precioso Padre celestial, miro a la cruz de Jesucristo como el remedio para mi pecado. Allí mostraste tu perdón incondicional. Gracias por ese precioso sacrificio, el regalo de tu amor.

DÍA 45

La solución al pecado

Lectura bíblica: Gálatas 6:4-9 Versículo clave: Gálatas 6:4

Pero que cada uno examine su propia obra, y entonces tendrá motivo para gloriarse solamente con respecto a sí mismo, y no con respecto a otro.

¿Puedes salir impune del pecado? Tal vez hagas trampa en un examen importante de la escuela, apruebes el examen y la clase, y lo hagas sin que el maestro descubra tu engaño. También puede que te involucres en comportamientos inmorales en secreto y que falsamente te perciban como una persona moralmente recta.

Es posible que el Servicio de Impuestos Internos nunca descubra tu declaración de impuestos falsa. Quizá tu jefe nunca sepa que tomaste suministros de la oficina sin permiso. Pero en cada caso hay consecuencias por tus acciones. Aunque otros no se den cuenta, Dios ha establecido una ley moral inviolable de pecado y consecuencias. Y, aunque las consecuencias puedan tardar, llegarán.

Pablo usó la metáfora agrícola de sembrar y cosechar para nuestro comportamiento. La cosecha se recoge mucho tiempo después de sembrar, pero la cosecha llega. Tarde o temprano, experimentamos las consecuencias de nuestro pecado, porque en última instancia somos responsables delante de Dios.

Nunca subestimes el precio interno que pagas por el pecado. El peso de la culpa es enorme. La amargura y la depresión se instalan incómodamente en tu alma mientras tratas de reprimir la convicción del Espíritu Santo.

La confesión y el arrepentimiento son provisiones de Dios, su solución para tratar con la transgresión. Reconócela delante de Él (y delante de otros cuando sea apropiado). Recibe su perdón. No tienes que suplicarlo, solo recibe el regalo de su perdón. Confía en Él para que te ayude a manejar las consecuencias.

Metas para el día

- Lee Gálatas 6:4-9.
- Detente unos minutos en oración para darle gracias a Dios por su gracia y su bondad. Confiesa cualquier pecado y pide su perdón.

Fe en acción

La lectura de hoy decía: «La confesión y el arrepentimiento son provisiones de Dios, su solución para tratar con la transgresión». ¿Por qué crees que la confesión y el arrepentimiento son en realidad un regalo de Dios para nosotros?

Padre Dios, gracias por tus provisiones de la confesión y el arrepentimiento para tratar con mi pecado. Reconozco mis pecados y recibo el regalo de tu perdón. Confío en ti para manejar las consecuencias de cualquier semilla espiritual mala que haya sembrado en el pasado.

DÍA 46

CONSECUENCIAS Y CASTIGO

Lectura bíblica: Hebreos 12:5-11 Versículos clave: Hebreos 12:5-6

Además, han olvidado la exhortación que como a hijos se les dirige: «HIJO MÍO, NO TENGAS EN POCO LA DISCIPLINA DEL SEÑOR, NI TE DESANIMES AL SER REPRENDIDO POR ÉL. PORQUE EL SEÑOR AL QUE AMA, DISCIPLINA, Y AZOTA A TODO EL QUE RECIBE POR HIJO».

Un gran error acerca de la relación entre el pecado y las consecuencias surge de una idea distorsionada del carácter y la naturaleza de Dios.

Demasiadas personas ven a Dios como un agente de la ley celestial que busca aplicar medidas punitivas estrictas a nuestra mala conducta. Un Dios así, ciertamente, no sería para ser disfrutado. Esta conclusión trágica existe debido a la confusión entre consecuencias y castigo. Dios ha establecido la ley moral de pecado y consecuencia en el ámbito espiritual tan seguramente como ha fijado la ley de la gravedad en el ámbito físico.

Él ha diseñado las consecuencias de nuestro comportamiento como un medio para enseñarnos a actuar con sabiduría y provecho. Cuando erramos, los resultados a menudo desagradables de nuestras acciones ayudan a evitar que repitamos el error. Las consecuencias no son un castigo; no constituyen retribución ni venganza. Por el contrario, el castigo por el pecado fue pagado por su Hijo en la cruz, donde su justicia y su santidad fueron mostradas y satisfechas. Él usa las consecuencias como una expresión de amor para corregirnos y apartarnos del mal.

Así como un padre terrenal usa las consecuencias para enseñar a sus hijos, nuestro Padre celestial permite que los resultados del pecado nos instruyan en los caminos de la justicia. Su motivación es el amor, nunca el castigo; y las consecuencias siempre están mezcladas con misericordia.

Metas para el día

- Lee Hebreos 12:5-11.
- Piensa en una ocasión en la que Dios trajo consecuencias y disciplina a tu vida. ¿Viste un destello de su misericordia?

Fe en acción

Dedica unos momentos en oración para darle gracias a Dios por su misericordia y su bondad. Escribe maneras en las que Dios te ha mostrado su misericordia.

____

____

Amado Señor, gracias por las consecuencias que me enseñan a andar en el camino de la justicia. Cuán agradecido estoy de que tu motivación sea el amor en lugar del castigo, y de que tus juicios estén mezclados con misericordia.

DÍA 47

Quitando brotes

Lectura bíblica: Juan 15:1-8 Versículo clave: Juan 15:5

Yo soy la vid, ustedes los sarmientos; el que permanece en Mí y Yo en él, ese da mucho fruto, porque separados de Mí nada pueden hacer.

Los brotes son pequeños retoños con hojas que crecen en las plantas de tomate. Por inofensivos que parezcan al principio, deben quitarse constantemente de los tallos principales para producir tomates sanos y abundantes. Si se les permite crecer, desvían los nutrientes de la tierra hacia las hojas y los tallos en lugar de hacia el fruto.

A medida que Cristo poda tu vida, Él elimina cuidadosamente hábitos, adicciones, prioridades equivocadas y otros asuntos secundarios que disminuyen tu crecimiento espiritual. Esta purga, divinamente diseñada, se ejecuta para que la vida de Cristo impregne tu alma. Cuanto más te poda Dios, más experimentas el poder del Espíritu Santo y das su fruto agradable.

¿Acaso no quieres más de la vida de Cristo? ¿Más de su paz, gozo, bondad y paciencia? ¿No deseas ser semejante a Él? Debes saber que su poda tiene ese propósito profundo.

Nunca olvides este factor fundamental: Dios te ha puesto en Cristo, y Él ha sido puesto en tu vida por medio de la morada del Espíritu Santo. Este es el significado de la ilustración de Cristo sobre la vid y los sarmientos.

Estás unido a la vid de forma permanente e inalterable. Las tijeras del cuidado amoroso de Dios no dañan tu comunión con Cristo; al contrario, su uso es señal de tu unión vital con la vid: Jesucristo. Le perteneces por la eternidad, y Él se ha comprometido a obrar constantemente para tu bien.

Metas para el día

- Lee Juan 15:1-8.
- Repasa el versículo clave del día, Juan 15:5. ¿Qué es lo que más te llama la atención en este pasaje?

Fe en acción

Toma unos momentos para reflexionar sobre el concepto espiritual de permanecer en Cristo. ¿Cómo describirías lo que significa permanecer?

____

____

____

____

____

Padre celestial, toma las tijeras divinas de tu Palabra y quita los brotes de mi vida. Fortalece mi unión con la vid y hazme más productivo espiritualmente.

DÍA 48

La salvación produce paz

Lectura bíblica: 1 Juan 5:7-13 Versículo clave: Juan 1:29

Al día siguiente Juan vio a Jesús que venía hacia él, y dijo: «Ahí está el Cordero de Dios que quita el pecado del mundo».

Tener confianza en tu salvación es crucial para tu paz. ¿Alguna vez te has preguntado acerca de tu salvación? Muchas personas lo hacen. Temen haber hecho algo que cause que Jesús deje de amarlos. Luchan con sentimientos de duda, confusión y miedo. En 1 Juan 4:18 leemos: «En el amor no hay temor, sino que el perfecto amor echa fuera el temor, porque el temor involucra castigo». El apóstol Juan también nos recordó que podemos amar a Dios «porque Él nos amó primero» (v. 19).

Aun antes de que nacieras, Dios sabía cómo serías: el color de tu cabello, el sonido de tu voz, y los éxitos y fracasos que tendrías. A pesar de todo lo que hayas hecho o dejado de hacer, Dios continúa amándote con un amor eterno.

Jesús vino a la tierra con un objetivo claro: salvar a los que están perdidos. Nunca dijo: «Sé perfecto y recibe mi salvación». La salvación llega de una sola manera: por la gracia de Dios. Cuando aceptamos a su Hijo con fe, recibimos vida eterna.

Puedes esforzarte toda una vida para ser bueno y perfecto, y no estarás más cerca del cielo que cuando comenzaste. La salvación no se basa en tus obras, sino en la obra consumada de Jesucristo en el Calvario. Él es quien llevó tus pecados: pasados, presentes y futuros.

Metas para el día

- Lee 1 Juan 5:7-13.
- Dale gracias a Dios por la obra que Él ha hecho, confiesa cualquier pecado que venga a tu mente, y acepta su perdón y su amor incondicional como una bendición.

Fe en acción

Hoy leíste: «La salvación no se basa en tus obras, sino en la obra consumada de Jesucristo en el Calvario». ¿Cómo describirías esta verdad espiritual a un incrédulo? ¿Hay alguien con quien debas compartir esa verdad?

____

____

____

____

____

Oh Dios, antes de que yo naciera, tú me conocías. Conocías mis fortalezas y debilidades, mis éxitos y fracasos. Y, aun así, me amas con un amor incondicional y eterno. ¡Cuánto te lo agradezco!

DÍA 49

LA PRECIOSA SANGRE

Lectura bíblica: 1 Pedro 1:17-21 Versículo clave: Romanos 3:23

Por cuanto todos pecaron y no alcanzan la gloria de Dios.

En Génesis leemos acerca de cómo Dios realizó el primer sacrificio animal: «El SEÑOR Dios hizo vestiduras de piel para Adán y su mujer, y los vistió» (Génesis 3:21).

Adam Clarke escribe que es poco probable que «el sacrificio no pudiera haber surgido jamás en la mente del hombre sin una revelación expresa de Dios».[4] El sacrificio de los animales fue su manera elegida para expiar la transgresión de Adán y Eva. Un sacrificio de sangre era el único pago que bastaría.

Muchos años después, Dios les dio a los israelitas instrucciones específicas sobre el sacrificio por los pecados, desde cómo preparar el animal hasta qué debían vestir los sacerdotes y qué hacer con las porciones sobrantes del altar. Pero el requisito fundamental seguía siendo el mismo: sangre.

Cuando Jesús murió en la cruz, literalmente tomó nuestro lugar al convertirse en el sacrificio supremo y final por el pecado de la humanidad. Una vez que lo aceptamos como nuestro Salvador, nuestros pecados son cubiertos por su preciosa sangre expiatoria.

Jesús entregó su vida al poder de la muerte por un tiempo para que tú puedas tener vida para siempre. Él satisfizo de una vez por todas el requisito de Dios para el perdón: «Porque la paga del pecado es muerte, pero la dádiva de Dios es vida eterna en Cristo Jesús Señor nuestro» (Romanos 6:23). La preciosa sangre de Jesús es el único agente de limpieza que funciona.

Metas para el día

- Lee 1 Pedro 1:17-21.
- Vuelve a leer el versículo del día, Romanos 3:23, y dedica unos momentos para reflexionar sobre esta realidad.

Fe en acción

La lectura de hoy decía: «La preciosa sangre de Jesús es el único agente de limpieza que funciona». ¿Cómo te motiva esta verdad a hablarles a otros acerca de Jesús?

____

____

____

____

____

____

Señor, que la sangre preciosa y limpiadora de tu Hijo Jesús fluya sobre mi vida hoy. ¡Oh corriente purificadora, cúbreme!

Jesús entregó su vida al poder de la muerte por un tiempo para que tú puedas tener vida para siempre.

DÍA 50

UNA VISIÓN CORRECTA DEL ARREPENTIMIENTO

Lectura bíblica: Lucas 3:3-6 Versículo clave: Mateo 3:2

[Juan el Bautista dijo]: «Arrepiéntanse, porque el reino de los cielos se ha acercado».

Cuando Juan el Bautista proclamó: «Arrepiéntanse, porque el reino de los cielos se ha acercado», algunos quizá no comprendieron que estaba preparando el camino para la venida del Mesías.

Juan había sido escogido para predicar el arrepentimiento, de modo que cuando Cristo viniera, los corazones y las mentes de la gente estuvieran abiertos a la verdad de Dios. Muchos que escucharon su mensaje se arrepintieron y se apartaron del mal; sin embargo, otros lo consideraron un hombre necio y extremista.

El arrepentimiento y la devoción sincera a Cristo separan a una persona de los caminos naturales del mundo. Muchas personas necesitan el perdón de Dios, pero se resisten a cualquier relación con Él que altere su estilo de vida actual.

El verdadero arrepentimiento es una experiencia humilde y transformadora entre tú y Dios. Significa que estás de acuerdo con el Señor en que vas en la dirección equivocada. Implica una renovación de la mente y ofrece una nueva perspectiva de la vida: de esperanza y gozo duradero. A través del arrepentimiento, nos apartamos completamente del pecado.

Pablo exhortó a sus lectores: «Y no se adapten a este mundo, sino transfórmense mediante la renovación de su mente» (Romanos 12:2). Este fue el mismo tipo de llamado que Juan hizo justo antes de que Jesús comenzara su ministerio público, y es el llamado de Dios para ti hoy.

Metas para el día

- Lee Lucas 3:3-6.
- Dedica unos momentos a reflexionar sobre cómo se ve el verdadero arrepentimiento en la vida de un seguidor de Cristo.

Fe en acción

En términos prácticos, ¿cuáles son algunas maneras en que puedes hacer lo que el apóstol Pablo instruyó: «transfórmense mediante la renovación de su mente»? Escribe tus pensamientos a continuación.

___

___

___

Maestro, hoy respondo a tu llamado. Ajusta mi visión moral y espiritual. Alinea mi pensamiento con el tuyo. Renueva mi mente. Transforma mi vida.

DÍA 51

DIVISIÓN ENTRE LOS CREYENTES

Lectura bíblica: Colosenses 3:1-17 Versículo clave: Colosenses 3:10

Y se han vestido del nuevo hombre, el cual se va renovando hacia un verdadero conocimiento, conforme a la imagen de Aquel que lo creó.

El pecado hiere y socava el cuerpo de Cristo. Otros sienten los efectos del pecado de un cristiano. La trabajadora cristiana que chismea durante el almuerzo y atrae a otros a su conversación es culpable de calumnia. El triste resultado de su pecado es que también tienta a otros a caer en el mismo pecado.

En una entrevista, al evangelista E. V. Hill se le preguntó cuál era la mayor adversidad que enfrenta el cuerpo de Cristo. Sin vacilar, respondió que es la división entre los creyentes. El único grupo que tiene el conocimiento para cambiar el mundo para bien eterno a menudo termina causando el mayor daño a sus propios miembros.

A los cristianos les gusta clasificar los pecados; cosas obvias como robar, matar y cometer inmoralidad sexual se colocan alto en la lista de pecados; sin embargo, «pecados pequeños» como el chisme y las «mentiras piadosas» rara vez se clasifican. Pero ningún pecado escapa de la mano de convicción de Dios, incluyendo sentimientos de falta de perdón, amargura, ira, enojo, malicia, mentira, calumnia, codicia, idolatría o inmoralidad (Colosenses 3:5-10).

El apóstol Pablo nos dijo que debemos vestirnos del nuevo hombre y ser renovados «hacia un verdadero conocimiento, conforme a la imagen de Aquel [Jesucristo] que [nos] creó» (Colosenses 3:10). Por tanto, debemos ser veraces, compasivos y atentos en nuestra actitud hacia los demás. Cristo nos llamó a amarnos unos a otros (Juan 13:34). Pídele al Señor que te revele cualquier pecado que tengas en esta área, y luego reclama su perdón por fe.

Metas para el día

- Lee Colosenses 3:1-17.
- Anota cualquier cosa que te haya llamado la atención en la lectura bíblica de hoy.

Fe en acción

En términos prácticos, ¿qué significa hacer lo que el apóstol Pablo y «vestirse del nuevo hombre»? ¿Cómo se alinea eso con una vida con propósito?

____

____

Precioso Señor, revela cualquier actitud equivocada que tenga hacia otros. Quita de mi corazón toda falta de perdón, amargura, ira, enojo, malicia, mentira, calumnia, codicia, idolatría o inmoralidad. Dame un amor puro por los demás.

DÍA 52

El camino a la vida

Lectura bíblica: Romanos 14:7-12 Versículo clave: Gálatas 6:14

Pero jamás acontezca que yo me gloríe, sino en la cruz de nuestro Señor Jesucristo, por el cual el mundo ha sido crucificado para mí y yo para el mundo.

Cada vez que quedamos enredados en el pecado, nuestra primera respuesta debería ser de dolor y arrepentimiento, no solo por lo que hemos hecho, sino también por entender a quién hemos herido. Cuando decimos sí al pecado, entristecemos el corazón de Dios.

Por eso, en el momento en que seas tentado a pecar, pregúntate: *¿Quién es el Señor de mi vida?* Si Jesucristo lo es, el deseo de involucrarte en cosas que no reflejan la naturaleza de Dios normalmente se desvanece y desaparece con el tiempo.

Aunque cada uno de nosotros enfrenta tentaciones periódicamente, negarnos al pecado no debería ser algo que tengamos que pensar demasiado. Decir no es fácil cuando te das cuenta de que decir sí hiere a alguien sin cuyo amor no puedes vivir.

¿Alguna vez has pensado en Dios de esta manera, como alguien que te ama más que todos los demás? Jesús vino a demostrar el amor personal de Dios a la humanidad. Su muerte en el Calvario lo dijo todo. Él llevó nuestros pecados por amor y devoción eterna.

Metas para el día

- Lee Romanos 14:7-12.
- Dedica tu tiempo de oración a pedirle a Dios que te dé rapidez para arrepentirte de cualquier cosa en tu vida que a Él no le agrade.

Fe en acción

La lectura de hoy decía: «En el momento en que seas tentado a pecar, pregúntate: *¿Quién es el Señor de mi vida?*». ¿Por qué es este un paso importante?

____

____

____

____

____

____

Amado Padre celestial, tú eres el Señor divino de mi vida. Digo un rotundo no al pecado y un sí eterno a ti. Elijo andar en el camino de la vida.

DÍA 53

LA GRACIA TRANSFORMADORA DE DIOS

Lectura bíblica: 1 Timoteo 1:8-17 Versículo clave: Efesios 1:7

En Él tenemos redención mediante Su sangre, el perdón de nuestros pecados según las riquezas de Su gracia.

Preocupada por su salvación, una mujer se reunió con su pastor. «No sé cómo Jesús puede aceptarme», dijo entre lágrimas. «Quiero entregarle mi vida, pero no estoy lista. Usted no sabe lo que he hecho. Jesús no puede perdonarme».

Sentirse culpable por errores pasados es comprensible. El pecado es repulsivo ante los ojos de Dios, pero Él resolvió el problema en la cruz. Cuando estás de acuerdo con Dios en que tu pecado está mal y aceptas el pago de Jesús en tu lugar, eres liberado por su sangre: limpio y justo ante los ojos de Dios. Nadie es demasiado malvado, demasiado horrible, demasiado poco digno de amar o demasiado vil para que Jesús no lo ame.

Pablo, el misionero y apóstol, dijo: «Cristo Jesús vino al mundo para salvar a los pecadores, entre los cuales yo soy el primero. Sin embargo, por esto hallé misericordia, para que en mí, como el primero, Jesucristo demostrara toda Su paciencia» (1 Timoteo 1:15-16).

Pablo, uno de los más grandes evangelistas de todos los tiempos, fue antes un feroz perseguidor de cristianos.

No importa lo que hayas dicho o hecho, puedes aferrarte a esta promesa: «En Él [Jesús] tenemos redención mediante Su sangre, el perdón de nuestros pecados según las riquezas de Su gracia» (Efesios 1:7).

Metas para el día

- Lee 1 Timoteo 1:8-17.
- Repasa el versículo clave del día, Efesios 1:7.

Fe en acción

Vivir una vida con propósito significa aceptar el perdón de Dios y dejar ir el pasado. Anota las áreas en las que te cuesta aceptar el perdón de Dios. ¿Cómo habla Efesios 1:7 a tu situación?

____

____

____

____

____

Oh Dios, ¡lo reclamo! En Cristo tengo redención mediante su sangre, el perdón de mis transgresiones, según las riquezas de su gracia.

DÍA 54

Tu pecado está perdonado

Lectura bíblica: Salmos 85 Versículo clave: Salmos 85:2

Perdonaste la iniquidad de Tu pueblo, cubriste todo su pecado.

El gerente de la tienda escuchó mientras la niña le explicaba que su mamá le dijo que solo podía tener un auto de juguete. Sin embargo, al no poder decidirse entre dos, robó el segundo.

En su casa, trató de actuar sorprendida cuando del mismo paquete salieron dos autos, pero la mamá detectó su actuación. Cuando su papá regresó del trabajo, la verdad salió a la luz y entonces volvieron a la tienda.

Mirando al gerente con lágrimas en los ojos, la niña le dijo que lo sentía. Su papá pagó el artículo y lo guardó en su bolsillo. De camino a la casa, ella tocó la mano de su padre y dijo: «Papá, lo siento. No quiero volver a hacer eso nunca más».

Él sostuvo su pequeña mano y respondió: «Cariño, esa fue una lección difícil para ti, pero espero que te des cuenta de lo que pasa cuando haces algo malo. También quiero que sepas que tu mamá y yo te amamos mucho, y que Dios también te ama».

Una vez en la casa, él metió su mano en el bolsillo y tiró el juguete al cubo de la basura. La niña parpadeó, confundida: «Papá, ¿por qué hiciste eso?».

«Porque estás perdonada. Cuando le dices a Dios que lo sientes y recibes su perdón, Él nunca volverá a sacar ese pecado a relucir, y yo tampoco lo haré».

Metas para el día

- Lee el Salmo 85.
- Anota cualquier versículo que te haya llamado la atención en tu lectura bíblica.

Fe en acción

Escribe una oración de agradecimiento en el espacio de abajo. Dile a Dios todas las razones por las que estás agradecido de su compasión y misericordia.

____

____

____

____

____

____

Señor, te agradezco mucho porque mis pecados han desaparecido. Nunca los volverás a mencionar. Me has perdonado; ahora ayúdame a perdonarme a mí mismo.

DÍA 55

UNA VISIÓN INFORMAL DEL PECADO

Lectura bíblica: Romanos 6:1-7 Versículo clave: Romanos 6:7

Porque el que ha muerto, ha sido libertado del pecado.

La mayoría de nosotros hemos oído que una rana puede ser hervida hasta morir sin ofrecer resistencia. Colocada en una olla con agua fría sobre una estufa, la rana permanece tranquila y confiada mientras el calor debajo aumenta. Su temperatura interna sube junto con la del agua hasta que finalmente es hervida viva.

Abraham y Lot tuvieron que elegir la tierra que habitarían. Lot, al ver la fertilidad del valle del Jordán, escogió la riqueza de Sodoma, mientras que Abraham se estableció en la tierra de Canaán.

La codicia y la lujuria impulsaron los deseos de Lot. F. B. Meyer escribió: «El hombre más joven [Lot] eligió según lo que veía con sus ojos. A su juicio ganó el mundo, pero el mundo está lleno de muchos Lot superficiales, impulsivos, condenados a ser revelados por su elección y su fin».[1]

Lot nunca consideró el carácter de los habitantes de la tierra. Adoptó una visión indiferente hacia su pecado. Al hacerlo, no se dio cuenta del efecto que su presencia tendría en su relación con Dios.

¿Has adoptado la perspectiva de Dios sobre el pecado, o tienes una actitud indiferente ante lo que es impío delante del Dios santo? No corras el riesgo de ser adormecido en una letargia espiritual mortal por la complacencia de nuestra sociedad. Dios detesta el pecado y nos llama a hacer lo mismo.

Metas para el día

- Lee Romanos 6:1-7.
- Anota cualquier cosa que te haya llamado la atención en la lectura bíblica de hoy.

Fe en acción

Toma unos minutos para pensar en las maneras en que podrías ser indiferente al pecado. Pídele a Dios que te revele cualquier cosa que necesites cambiar. Escribe tus pensamientos abajo.

___

___

___

___

Padre, no quiero tratar el pecado con indiferencia. Dame tu perspectiva divina sobre el pecado. Protégeme de ser adormecido por la complacencia espiritual del mundo en el que vivo. Permíteme entender que tú detestas el pecado y me has llamado a hacer lo mismo.

DÍA 56

El peligro de un corazón endurecido

Lectura bíblica: Éxodo 10 Versículo clave: Éxodo 8:19

Entonces los magos dijeron a Faraón: «Este es el dedo de Dios». Pero el corazón de Faraón se endureció y no los escuchó, tal como el Señor había dicho.

Había asistido a la iglesia desde que era un niño pequeño. Ya de adulto, tomaba notas detalladas de cada sermón. Cuando el pastor hablaba de pecados concretos, reconocía algunos de esos problemas en su propio corazón y se decía a sí mismo: *Ese soy yo. Necesito ocuparme de estas cosas*. Pero, como muchos, para cuando regresaba de la iglesia ya había olvidado sus planes de pedirle a Dios que cambiara su vida.

Ese hombre tenía un corazón endurecido. «¿Cómo es posible?», podrías preguntar. «Está escuchando lo que Dios dice». Cuando oyes la Palabra de Dios y te niegas a ponerla en práctica, tu corazón se endurece contra su verdad. Con el tiempo, si sigues ignorando su guía, Él te permite seguir tu propio camino resbaladizo.

Dios permitió que Faraón le dijera no a Moisés una y otra vez. Faraón sabía lo que debía hacer: liberar al pueblo escogido de Dios, los israelitas, de la esclavitud y la opresión. Pero, debido a que persistió en su desobediencia, aprendió dolorosas lecciones que podría haber evitado.

Pídele a Dios que sensibilice tu corazón y te haga consciente de cualquier área de resistencia. Él suavizará tu espíritu, renovará tu entendimiento y te pondrá en el camino de una verdadera sumisión.

Metas para el día

- Lee Éxodo 10.
- Dedica tu tiempo de oración a pedirle a Dios que te dé un corazón tierno hacia Él.

Fe en acción

Haz un breve inventario espiritual. ¿Estás permaneciendo en Cristo y disfrutando de tu relación con Él? ¿Cómo está tu vida de oración? ¿Estás obedeciendo la Palabra de Dios? ¿Hay algo que necesites cambiar?

____

____

____

____

Precioso Señor, sensibiliza mi corazón. Hazme consciente de cualquier área de resistencia. Suaviza mi espíritu, renueva mi entendimiento y ponme en el camino de una verdadera sumisión.

DÍA 57

AFRONTANDO EL FRACASO

Lectura bíblica: Lucas 15:1-10 Versículo clave: Lucas 15:7

Les digo que de la misma manera, habrá más gozo en el cielo por un pecador que se arrepiente que por noventa y nueve justos que no necesitan arrepentimiento.

La agonía de la vida cristiana no es solo pecar, sino intentar con todas nuestras fuerzas ser piadosos y aun así fallar. Una vez que conocemos a Cristo, queremos agradarle; queremos vivir a la luz de su verdad; queremos vivir victoriosamente. Como dijo un sabio: «Dios no nos enseñó a nadar para dejar que nos hundamos». Él nos salvó para que pudiéramos disfrutar y experimentar su vida abundante. Sí, hay luchas, pero podemos vencer.

Entonces ¿cómo superamos los pecados que constantemente parecen abrumarnos y dominarnos? Primero debemos llegar al punto de un arrepentimiento absoluto. ¿Qué tan serios nos hemos vuelto con respecto al pecado que nos asedia? ¿Vemos lo ofensivo que es para Dios? ¿Hemos cambiado de opinión sobre el pecado literalmente y por completo?

El arrepentimiento genuino es un acto profundo y serio. La mayoría de nosotros no ha llegado a alcanzar ese nivel; coqueteamos con nuestros pecados. Sin embargo, si nos hemos arrepentido, el segundo paso sigue siendo esencial: reconocer nuestra nueva identidad en

Cristo. Jesús habita en nosotros con todo su poder y su divinidad. Vencemos por medio de Él porque es el vencedor. Ningún pecado puede permanecer ante Él cuando, por la fe, reclamamos su conquista total obtenida en el Calvario. A medida que tomamos en serio el pecado y reconocemos nuestra nueva naturaleza como creyentes, la victoria está cerca.

Metas para el día

- Lee Lucas 15:1-10.
- Dedica unos momentos a pensar por qué coquetear con el pecado es contraproducente para los planes de Dios en tu vida.

Fe en acción

La lectura de hoy dice: «A medida que tomamos en serio el pecado y reconocemos nuestra nueva naturaleza como creyentes, la victoria está cerca». ¿Por qué tomarse en serio el pecado y entender que nuestra nueva naturaleza son dos aspectos fundamentales para vivir una vida de propósito y paz?

Amado Padre celestial, quiero reconocer y reclamar mi nueva identidad en ti. Ayúdame a entender que Jesús habita en mí con todo su poder y su divinidad. Hazme comprender que puedo vencer por medio de Él porque es el Vencedor.

DÍA 58

La respuesta de Dios al pecado

Lectura bíblica: Juan 3 Versículo clave: Juan 3:3

Jesús le contestó: «En verdad te digo que el que no nace de nuevo no puede ver el reino de Dios».

La única respuesta de Dios al problema del pecado es Jesucristo. Nadie puede salvarse a sí mismo; ninguna persona es lo suficientemente «buena» como para entrar en el cielo. Algún día, cada uno de nosotros se presentará delante de Dios y dará cuentas de por qué Él debería permitirnos entrar en su reino. ¿Cuál será tu respuesta?

Razones como ser bueno y tratar de no hacer daño a nadie no funcionarán. Jesús le dijo a Nicodemo, un hombre reconocido por su extenso conocimiento de la ley judía y su sensibilidad hacia las cosas espirituales, que debía nacer de nuevo para entrar en el reino de Dios (Juan 3:3). La frase «nacer de nuevo» a menudo provoca cinismo en los no creyentes, pero Dios no se disculpa por su Palabra.

El nuevo nacimiento del que Jesús habló en Juan 3 no es físico, sino espiritual por naturaleza. W. E. Vine explicó que nacer de nuevo «se usa metafóricamente en los escritos del apóstol Juan para describir el acto bondadoso de Dios al conferir a quienes creen la naturaleza y disposición de "hijos", impartiéndoles vida espiritual».[2]

Solo la gracia salvadora de Dios, a través de una experiencia personal con Jesucristo, es la respuesta al pecado de la humanidad. Dios no quiere que nadie se pierda el amor maravilloso y perfecto del cielo. Su mayor deseo es que experimentes el amor y el perdón de su Hijo, el Señor Jesucristo, por toda la eternidad. ¿Has puesto tu confianza en Él?

Metas para el día

- Lee Juan 3.
- ¿Hay alguien a quien necesites comunicar el evangelio? Acércate a esa persona hoy.

Fe en acción

Escribe a continuación una oración pidiendo que la gracia de Dios rodee a tus amigos y seres queridos que no son salvos y los ayude a recibir las Buenas Noticias de salvación por medio de Jesucristo.

____

____

____

____

____

Dios Padre, vengo a ti por medio de Jesucristo. Gracias por tu respuesta a mi pecado. Pongo mi confianza eterna en Él.

DÍA 59

SEPARADOS DEL PECADO

Lectura bíblica: Salmos 103 Versículo clave: Salmos 103:13

Como un padre se compadece de sus hijos, así se compadece el Señor de los que le temen.

Leemos en Salmos 103:8-13:

Compasivo y clemente es el SEÑOR,
Lento para la ira y grande en misericordia.
No luchará con nosotros para siempre,
Ni para siempre guardará Su enojo.
No nos ha tratado según nuestros pecados,
Ni nos ha pagado conforme a nuestras iniquidades.
Porque como están de altos los cielos sobre la tierra,
Así es de grande su misericordia para los que le temen.
Como está de lejos el oriente del occidente,
Así alejó de nosotros nuestras transgresiones.
Como un padre se compadece de sus hijos,
Así se compadece el SEÑOR de los que le temen.

¿Te has detenido a pensar por qué es importante saber que Dios te ha separado de tu pecado? Una respuesta es teológica: dado que Dios no puede tener nada que ver con el pecado, Él debe quitarlo por completo de ti mediante la sangre de Jesucristo para poder tener una relación contigo.

Otra razón es más sutil: si no comprendes que tus pecados realmente han sido quitados, psicológicamente seguirán rondando. ¿Qué pasa cuando el pecado permanece? Te sientes culpable, condenado e injusto, y esas emociones pueden impedirte vivir los propósitos de Dios para tu vida. Posicionalmente en Cristo, tu pecado se ha ido; pero esta verdad también debe ser absorbida desde un punto de vista emocional para que sea real en tu experiencia diaria.

Metas para el día

- Lee el Salmo 103.
- Usa las palabras de David en el Salmo 103 para guiar tu tiempo de oración.

Fe en acción

Con tus propias palabras, escribe lo que significa que tus pecados sean apartados «como está de lejos el oriente del occidente».

____

____

Padre, gracias por separarme de mi pecado. No está rondando, no está escondido. Se ha ido, ha sido quitado tan lejos como está el oriente del occidente. ¡Gracias!

Solo la gracia salvadora de Dios, a través de una experiencia personal con Jesucristo, es la respuesta al pecado de la humanidad.

DÍA 60

Una conducta que coincida con tu identidad

Lectura bíblica: 2 Corintios 6:14—7:1 Versículo clave: 2 Corintios 7:1

Por tanto, amados, teniendo estas promesas, limpiémonos de toda inmundicia de la carne y del espíritu, perfeccionando la santidad en el temor de Dios.

Es posible que a un hombre de negocios estadounidense en el Lejano Oriente no le resulte sencillo adaptarse a la cultura asiática. La comida es diferente; hay una barrera lingüística; la vestimenta es distinta. Constantemente recuerda las diferencias porque su identidad como estadounidense está bien establecida. Actúa y piensa como estadounidense precisamente porque lo es. Entender tu identidad en Cristo es aún más importante porque resulta fundamental para tener éxito a la hora de combatir la influencia del mundo. Debes entender lo que ya no encaja contigo como hijo de Dios.

Se produjo una transformación drástica cuando fuiste salvo. Te convertiste en una «nueva criatura» en Cristo (2 Corintios 5:17). Ahora eres un ciudadano del reino de Dios. Todavía vives en tu cultura de origen, con todos sus atractivos, pruebas, tentaciones y encantos; pero ya no eres el mismo hombre o la misma mujer.

Vivir en santidad o separado de los impulsos del mundo es posible solo cuando te das cuenta de la asombrosa metamorfosis que ha ocurrido en tu interior. Es obvio que todavía estás «en el mundo», pero ahora no eres «del mundo».

Aprender quién eres en Cristo toma tiempo, y también conlleva fracasos, para que tu comportamiento coincida con tu identidad; pero tienes un Maestro residente de por vida, el Espíritu Santo, para ayudarte en el camino.

Metas para el día

- Lee 2 Corintios 6:14–7:1.
- Durante tu tiempo de oración, pídele al Espíritu Santo que te ayude para que tu comportamiento coincida con tu identidad en Cristo.

Fe en acción

Con tus propias palabras, escribe lo que significa estar «en el mundo», pero no ser «del mundo».

Precioso Padre celestial, tú me sacaste del «Egipto» del pecado y pusiste mis pies en el camino hacia tu tierra prometida. Mientras continúo en este viaje espiritual, ayúdame a hacer que mi comportamiento coincida con mi nueva identidad.

DÍA 61

COMPORTAMIENTOS VINCULANTES

Lectura bíblica: 1 Pedro 1:13-16 Versículo clave: 1 Pedro 1:13

Por tanto, preparen su entendimiento para la acción. Sean sobrios en espíritu, pongan su esperanza completamente en la gracia que se les traerá en la revelación de Jesucristo.

A continuación, aparecen algunos pasos para poder manejar comportamientos que atan y que te impiden vivir la vida que Dios quiso para ti.

En primer lugar, identifica el problema. Sé sincero contigo mismo, o pídele a un amigo de confianza que sea directo contigo. El negar que tienes un problema te impide experimentar una verdadera victoria y esperanza.

En segundo lugar, acepta la responsabilidad de tu comportamiento. Sin importar cuán pequeño o grande pueda parecer el hábito, admite que existe y que eres responsable de su presencia continua.

En tercer lugar, rastrea el comportamiento hasta su origen. Pídele a Dios que te ayude a recordar cuándo fuiste programado para sentir o actuar de cierta manera. La baja autoestima, los sentimientos de rechazo o de impotencia, todos ellos tienen un punto de inicio. Y esas emociones conducen a hábitos que debilitan nuestra capacidad para aceptar lo que Cristo ha hecho por nosotros y lo que puede hacer a través de nosotros.

En cuarto lugar, perdónate a ti mismo y perdona a otros que te han herido. Perdonar no significa que la persona que te hizo daño pueda irse sin ser castigada. El perdón es algo que haces por ti mismo para poder experimentar libertad de la amargura y el resentimiento. Dios nos dice que la venganza le pertenece a Él. Entrégale al Señor tu dolor y sufrimiento, y Él se encargará de la situación.

En quinto lugar, renueva tu mente con la verdad de la Palabra de Dios. Cuando hagas esto, descubrirás que Dios te ama más de lo que puedes imaginar. También recibirás la fuerza y la esperanza necesarias para ser la persona que Dios tenía en mente cuando te creó.

Metas para el día

- Lee 1 Pedro 1:13-16.
- A partir de la lectura de hoy, repasa los cinco pasos para abordar comportamientos que atan.

Fe en acción

¿Qué hábitos y comportamientos necesitas someter a los cinco pasos para abordar comportamientos que atan? Pídele a Dios que te ayude a vencer.

____

____

____

____

____

____

Señor, quiero aceptar la responsabilidad de mi propio comportamiento. Revélame las razones que están detrás de mis respuestas negativas y luego ayúdame a perdonarme a mí mismo y a perdonar a otros. Sana mi dolor y sufrimiento.

DÍA 62

Viaje hacia la tierra prometida

Lectura bíblica: Deuteronomio 11:1-17 Versículo clave: Filipenses 4:19

Y mi Dios proveerá a todas sus necesidades, conforme a sus riquezas en gloria en Cristo Jesús.

La nación de Israel había cruzado el abrasador desierto, peleado contra numerosos enemigos y vagado en el desierto durante cuarenta años. Ahora, por fin, estaban listos en la frontera de su tierra prometida.

Pero había un gran problema: Jericó. Una formidable ciudad amurallada era un obstáculo aparentemente insuperable que bloqueaba su camino.

Jericó fue un impedimento planeado divinamente en la vida de Israel. El resultado de la batalla daría gloria a Dios y brindaría una evidencia concluyente a Israel de que Él estaba haciendo exactamente lo que había prometido.

Al seguir a Cristo, tú también experimentarás tus propios Jericós. Muchas veces, cuando Dios te llame a hacer algo, experimentarás una barrera que amenaza tu progreso. No te sorprendas por esas barreras, espera que aparezcan. La Palabra de Dios enseña a reconocer los obstáculos en tu camino de fe como oportunidades para descubrir tu verdadera identidad en Cristo y apoyarte en su suficiencia. Al depender del poder de Cristo para enfrentar los obstáculos en tu camino, aprenderás a vivir por fe y no por vista.

Metas para el día

- Lee Deuteronomio 11:1-17.
- Jericó estaba bloqueando la entrada de los israelitas a la tierra prometida. Identifica cualquier obstáculo que esté bloqueando la vida que Dios quiere que tengas.

Fe en acción

La lectura de hoy dice: «La Palabra de Dios enseña a reconocer los obstáculos en tu camino de fe como oportunidades para descubrir tu verdadera identidad en Cristo y apoyarte en su suficiencia». ¿Cómo se aplica esta verdad a tus desafíos?

____

____

____

____

____

Señor, oro por la fe para enfrentar a mis Jericós con tu poder. Dame el valor que necesito para avanzar con fe.

DÍA 63

¿OBSTÁCULOS U OPORTUNIDADES?

Lectura bíblica: Deuteronomio 11:18-28 Versículo clave: Deuteronomio 11:26

Miren, hoy pongo delante de ustedes una bendición y una maldición.

Josué y la nación de Israel se estaban preparando para entrar en la tierra prometida. Moisés no iría con ellos. Su última responsabilidad como líder sería dar una advertencia con respecto a la tierra a la que estaban a punto de entrar. Moisés explicó que, si guardaban los mandamientos de la Ley, entonces Dios expulsaría a sus enemigos delante de ellos.

A menudo nos preguntamos por qué Dios no quita todos los obstáculos después de habernos bendecido. La emoción de un nuevo empleo se desvanece en el momento en que descubrimos que el jefe tiene un lado oscuro. La casa de ensueño se convierte en una pesadilla cuando descubrimos que el techo tiene goteras y que hay que sustituir el calentador del agua.

Muchas veces, Dios coloca tales impedimentos en nuestras vidas para mantenernos humildes y dependientes de Él. El mismo nombre que Dios dio a la tierra prometida, Canaán, significa «un lugar de humildad». Los israelitas anhelaban entrar en la tierra de su herencia, pero se dieron cuenta de que, junto con la promesa, llegaban las pruebas y dificultades de la vida.

Habrá momentos en los que sentirás que te has topado con una pared de ladrillos. Los obstáculos que enfrentarás pueden parecer abrumadores, pero cobra ánimo. En esos momentos Dios quiere que te acerques a Él y confíes en que quitará las barreras que bloquean tu camino.

Metas para el día

- Lee Deuteronomio 11:18-28.
- Dedica tu tiempo de oración a pedirle a Dios sabiduría para lidiar con los obstáculos que estás enfrentando.

Fe en acción

La lectura de hoy dice: «Muchas veces, Dios coloca tales impedimentos en nuestras vidas para mantenernos humildes y dependientes de Él». Con esto en mente, ¿cómo pueden los obstáculos convertirse realmente en una bendición?

Amado Señor, cuando parezca que una pared de ladrillos se levanta delante de mí, haz que me vuelva a ti. Ayúdame a darme cuenta de que los obstáculos me mantienen dependiente de tu poder. Confío en que quitarás toda barrera de mi camino en tu tiempo perfecto.

DÍA 64

Enfrentando los Jericós de la vida

Lectura bíblica: Josué 6 Versículo clave: Josué 1:6

«Sé fuerte y valiente, porque tú darás a este pueblo posesión de la tierra que juré a sus padres que les daría».

Ningún oficial militar que merezca sus galones entraría en un conflicto sin preparación y sin tener un plan de ataque claro y consistente. El riesgo sería demasiado grande y las posibilidades de ganar, escasas. Sin embargo, eso fue exactamente lo que Dios quería que hiciera Josué: acercarse a la imponente y fortificada ciudad de Jericó sin el primer procedimiento militar convencional. Literalmente, todo lo que Dios le dio a Josué fueron sus órdenes de marcha y la promesa de que los israelitas serían los vencedores.

¿Cómo podía Josué mantener la cabeza en alto y acercarse al campo de batalla con confianza? Josué sabía quién estaba al mando. No tenía que preocuparse por la derrota o la pérdida. Cualquier sentimiento momentáneo de debilidad se derrumbó junto con las murallas y fue olvidado en la gloria de tomar la ciudad para el Señor.

Cuando enfrentes un Jericó en tu vida, un problema que no puedes resolver o la fortaleza aparentemente impenetrable de una relación rota, confía en Dios para la conquista. Obedece su Palabra y aplica sus principios a cada situación.

Puede que no entiendas cómo se desarrollará la secuencia de eventos, y puede que no sientas la emoción del triunfo mientras esperas el resultado. Pero en el Señor no puedes perder; la victoria es tuya.

Metas para el día

- Lee Josué 6.
- Dedica tu tiempo de oración a pedirle a Dios que aumente tu confianza en Él.

Fe en acción

La lectura de hoy te enseñó a «obedecer su Palabra y aplicar sus principios a cada situación». Escribe los próximos pasos que necesitas dar.

____

____

____

____

____

Padre celestial, mientras enfrento los Jericós de la vida, dame la seguridad de que la victoria es mía. Quiero responder a tus órdenes de marcha y no preocuparme por las fortalezas aparentemente impenetrables que tengo delante.

DÍA 65

CARACTERÍSTICAS DE LOS VERDADEROS CREYENTES

Lectura bíblica: Efesios 1:1-14 Versículo clave: Efesios 1:11

También en Él hemos obtenido herencia, habiendo sido predestinados según el propósito de Aquel que obra todas las cosas conforme al consejo de Su voluntad.

Una vida de santidad duradera, que refleje la mente y el carácter de Dios, es posible solo cuando primero estamos convencidos de nuestra identidad en Cristo. La Escritura atribuye estas características notables a los creyentes:

- Somos la sal de la tierra.
- Somos santos.
- Somos coherederos con Jesús.
- Somos justificados por la fe.
- Somos embajadores de Cristo.
- Estamos eternamente seguros en Cristo.
- Somos triunfantes en Cristo.
- Somos aceptados en el Amado.
- Somos hijos de Dios.
- Tenemos paz con Dios.
- Somos libres de condenación.
- Somos el templo de Dios.

- Somos bendecidos con toda bendición espiritual.
- Somos ciudadanos del cielo.
- Estamos completos en Cristo.

Muchas otras bendiciones ya son tuyas también por medio de la fe en Cristo. Son dones del Padre otorgados a cada discípulo para un servicio eficaz.

Saber quién eres en Jesús es el punto de partida para una vida abundante. Puedes vivir una vida santa porque eres justo en Cristo. En este día, ponte de acuerdo con Dios en cuanto a tu nueva identidad en Él.

Metas para el día

- Lee Efesios 1:1-14.
- Repasa la lista de la lectura de hoy. ¿Cuáles de estas características sobresalen para ti?

Fe en acción

Dale gracias a Dios por tu identidad en Cristo. Alábalo por las características que aparecieron en la lectura de hoy que sean especialmente significativas para ti.

____

____

____

___

___

___

Oh Dios, declaro mi nueva identidad en Cristo: soy la sal de la tierra, un hijo de Dios, un santo que tiene paz contigo. Soy coheredero con Jesús, libre de condenación y justificado por la fe. Soy el templo de Dios, un embajador de Cristo, eternamente seguro, triunfante, completo y aceptado en Cristo. ¡Soy un ciudadano del cielo y bendecido con toda bendición espiritual!

DÍA 66

La suficiencia de Cristo

Lectura bíblica: Efesios 1:15-23 Versículo clave: Colosenses 1:18

Él es también la cabeza del cuerpo que es la iglesia. Él es el principio, el primogénito de entre los muertos, a fin de que Él tenga en todo la primacía.

Cuando Pablo habló de la deidad y el poder de Cristo en el primer capítulo de Colosenses, recalcó continuamente la preeminencia de Cristo. Pablo dijo que Él es «el primogénito de toda creación», «el primogénito de entre los muertos» y Aquel que tiene «en todo la primacía» (vv. 15, 18).

Sin embargo, el uso que hace Pablo del término *primacía* no es el término comparativo que a veces imaginamos. No estaba diciendo que Jesús es prominente, es decir, Cristo primero, mi familia en segundo lugar, la iglesia en tercero, mi trabajo en cuarto, y así sucesivamente. Esa no era la intención de Pablo ni de Dios.

Lo que Pablo, y el Espíritu que lo inspiró, intentaba comunicar era que Jesús es preeminente. Él está por encima y más allá de cualquier persona o cosa. Jesús debe ser el primero en nuestros hogares, el primero en nuestras finanzas, el primero en nuestras relaciones, el primero en nuestros trabajos, el primero en nuestro tiempo libre, el primero y por encima de todo en cada aspecto concebible de la vida.

Nada puede compararse con Cristo. Él no vino para estar en la cima de una lista de prioridades, sino para llenarlo todo con su plenitud.

¿Es Cristo el Señor indiscutible sobre toda tu vida, que reina de modo supremo? ¿Le has permitido que «tenga en todo la primacía»?

Metas para el día

- Lee Efesios 1:15-23.
- Repasa el versículo del día. Piensa en cómo describirías la preeminencia de Cristo a un amigo curioso.

Fe en acción

Escribe tus pensamientos sobre cómo se ve tu vida cuando Jesús es el primero en cada aspecto de la misma.

____

____

____

____

____

Jesús, tú estás por encima y más allá de cualquier persona o cosa en mi vida. Eres el primero en mi hogar, en mis finanzas, en mis relaciones, en mi tiempo libre y en mi trabajo. Eres el Señor indiscutible sobre mi vida.

DÍA 67

Gozo inmutable

Lectura bíblica: Juan 6:32-40 Versículo clave: Juan 6:40

Porque esta es la voluntad de Mi Padre: que todo aquel que ve al Hijo y cree en Él, tenga vida eterna, y Yo mismo lo resucitaré en el día final.

Aunque la vida cristiana es sin duda una lucha de fe, no consiste en un esfuerzo ni en una tensión interminables. Hay una diferencia monumental entre permanecer en Cristo y esforzarse, y entender esta diferencia puede influir enormemente en cuánta alegría, paz y contentamiento experimentamos al servir a Cristo.

J. Hudson Taylor, el fundador de la Misión al Interior de China, luchó con esta distinción hasta que un día, a los treinta y siete años, comprendió la suficiencia total de Cristo para cada necesidad. El catalizador para este descubrimiento liberador fue una carta personal de un amigo misionero, John McCarthy, quien escribió:

> Dejar que mi amoroso Salvador obre en mí su voluntad, mi santificación, es para lo que viviría por su gracia. Permanecer, no esforzarme ni luchar; mirarlo solo a Él [...] para someter toda corrupción interna; descansar en el amor de un Salvador Todopoderoso [...] Esto no es nuevo y, sin embargo, es *nuevo para mí*. Siento como

si el primer amanecer de un día glorioso hubiera surgido sobre mí. Lo recibo con temor y, sin embargo, con confianza.

Parezco haber llegado solamente al borde, pero de un mar que no tiene límites; haber probado solo un sorbo, pero de aquello que satisface plenamente.

Cristo, literalmente todo, me parece ahora el poder, el *único* poder para el servicio; el único fundamento para un gozo inmutable.[1]

Metas para el día

- Lee Juan 6:32-40.
- Dedica unos momentos a hacer un inventario espiritual. ¿Estás permaneciendo o esforzándote?

Fe en acción

Describe la diferencia entre esforzarte y permanecer. ¿Cuáles son algunas características de cada una de estas actitudes?

____

____

____

Señor, ayúdame a permanecer en ti y no luchar ni esforzarme. Tú eres mi poder para el servicio, mi único fundamento para un gozo inmutable.

DÍA 68

CRISTO EN TI

Lectura bíblica: Juan 14:15-27 Versículo clave: Juan 16:14

Él me glorificará, porque tomará de lo Mío y se lo hará saber a ustedes.

¿Cómo puede el propio Dios, cuya inmensidad es imposible medir, habitar en cuerpos tan frágiles como los nuestros? ¿Cómo puede el Cristo trascendente vivir en templos humanos finitos?

Es posible que no comprendamos la inmensidad de este principio, pero el método por el cual Dios imparte su presencia es claro y evidente en la Escritura: Cristo vive en nosotros por medio de su Espíritu Santo que habita en nuestro interior. El Espíritu Santo trae la realidad de Cristo a nuestros cuerpos terrenales de manera sobrenatural.

Como la tercera persona de la Trinidad, el Espíritu Santo es tan plenamente Dios como el Padre y el Hijo. Él nos imparte la vida de Cristo mediante su presencia en nuestras vidas.

El Espíritu Santo revela y comparte con nosotros todo lo que Jesús es. Al hacer su hogar en nosotros, nos asegura la presencia y el poder del Cristo resucitado.

Debido a que el Espíritu Santo posee todos los atributos de la deidad y habita en nuestros cuerpos mortales, es infinitamente suficiente para satisfacer cualquiera de nuestras necesidades. No es un Dios lejano, sino un Dios cercano.

El Cristo resucitado es tu esperanza segura y firme para toda la vida, una esperanza que todo creyente puede reclamar gracias al ministerio interno del Espíritu Santo.

Metas para el día

- Lee Juan 14:15-27.
- La lectura de hoy decía: «No es un Dios lejano, sino un Dios cercano». Deja que esta verdad guíe tu tiempo de oración.

Fe en acción

Escribe a continuación tus pensamientos acerca de la lectura de hoy.

____

____

____

____

____

____

____

Ven, Espíritu Santo, y haz tu obra. Revela todo lo que Cristo es y quiere ser para mí. Dame la seguridad de su presencia y su poder. Que el mismo Espíritu que resucitó a Cristo de entre los muertos obre abundantemente en mí.

DÍA 69

La sabiduría de Dios

Lectura bíblica: Proverbios 1:1-7 Versículo clave: Proverbios 1:7

El temor del Señor es el principio de la sabiduría; los necios desprecian la sabiduría y la instrucción.

El apóstol Pablo hizo una clara distinción entre el conocimiento aprendido de su tiempo y la sabiduría de Dios. Tal diferencia todavía existe en esta denominada era intelectual. Mientras enviamos hombres al espacio y dominamos el átomo, aún debemos asegurarnos de cerrar nuestras puertas con llave por la noche.

La sabiduría de Dios es tan superior a la percepción humana como una estrella lo es a una bombilla de sesenta vatios. La sabiduría del hombre se basa en un conocimiento limitado y en la utilización de datos que se pueden descubrir. La sabiduría de Dios es insondable y perfecta, y provee la fuerza, la dirección y el camino correcto para cada persona, en cada época y en cualquier circunstancia.

Tal vez la mejor definición de *sabiduría* es «ver la vida desde la perspectiva de Dios». Esto significa tamizar nuestras ambiciones, retos, problemas y tareas a través del filtro de la verdad eterna de Dios: la Escritura.

La sabiduría de Dios nunca puede obtenerse mediante una fórmula mecánica. Si así fuera, cualquier persona, malvada o justa, podría disfrutar de sus beneficios. Recibir la sabiduría de Dios implica desarrollar una relación creciente e íntima con Jesucristo, quien es nuestra sabiduría (1 Corintios 1:30).

Eso es lo que quiso decir Salomón cuando afirmó: «El temor del Señor es el principio de la sabiduría» (Proverbios 1:7). A medida que buscamos y adoramos a Dios y nos sometemos a su voluntad, nos convertimos cada vez más en depositarios de su sabiduría.

Metas para el día

- Lee Proverbios 1:1-7.
- Escribe el versículo del día en una tarjeta o en tu teléfono. Memorízalo.

Fe en acción

Escribe una oración pidiéndole a Dios que aumente tu sabiduría.

____

____

____

____

____

Precioso Señor, permíteme ver la vida desde tu perspectiva. Ayúdame a tamizar mis ambiciones, retos, problemas y tareas a través del filtro de tu verdad. Dame sabiduría divina por medio de una relación íntima con tu Hijo Jesús.

Tal vez la mejor definición de *sabiduría* es «ver la vida desde la perspectiva de Dios». Esto significa tamizar nuestras ambiciones, retos, problemas y tareas a través del filtro de la verdad eterna de Dios: la Escritura.

DÍA 70

PAZ QUE PREVALECE

Lectura bíblica: Juan 15:18-25 Versículo clave: 2 Tesalonicenses 3:16

Que el mismo Señor de paz siempre les conceda paz en todas las circunstancias. El Señor sea con todos ustedes.

Europa temblaba. Los amenazantes ejércitos de Hitler estaban listos para atacar Polonia. Intentando apaciguar al temido dictador, el primer ministro de Inglaterra, Neville Chamberlain, viajó a Alemania y, el 29 de septiembre de 1938, firmó el infame pacto de Múnich. A su regreso, Chamberlain anunció triunfalmente: «Creo que es la paz para nuestro tiempo».[2] Poco después, Alemania violó el tratado, invadió Polonia y comenzó la Segunda Guerra Mundial.

¿Acaso las palabras de Jesús sobre la paz eran como la optimista jactancia de Chamberlain? Después de todo, ¿por qué hablar de paz cuando la guerra, la violencia, la codicia y la mala voluntad todavía abundan? Aunque Jesús enseñó mucho sobre la paz y prometió a los discípulos, y a nosotros, que nos dejaría su paz, no ignoró la realidad del conflicto en el mundo.

Por eso, su mensaje de Pascua sobre la paz fue inmediatamente seguido por esta aclaración: «En el mundo tienen tribulación» (Juan 16:33). Jesús era realista. No hay nada de evasión o idealismo en su ministerio. Entonces, ¿cómo pudo prometer paz?

Cristo mismo es nuestra paz. Su presencia, fuerza y consuelo son nuestros en cada tempestad, porque Él está siempre con nosotros.

Metas para el día

- Lee Juan 15:18-25.
- Repasa el versículo del día y deja que guíe tu tiempo de oración.

Fe en acción

Escribe cualquier nueva idea o aspecto que te haya llamado la atención de la lectura de hoy.

____

____

____

____

____

____

____

Amado Padre celestial, gracias porque a pesar de la tribulación presente en este mundo, puedo tener paz. Reclamo a Cristo como mi paz ahora mismo. Acepto su presencia, fuerza y consuelo mientras enfrento las tormentas de la vida.

DÍA 71

SEGURIDAD GENUINA

Lectura bíblica: Santiago 4:13-14 Versículo clave: Proverbios 27:1

No te glories del día de mañana, porque no sabes qué traerá el día.

Cuanto más envejecemos, más conscientes podemos volvernos de la seguridad. Las perspectivas de enviar a los hijos a la universidad y de proveer para la jubilación, los ahorros y las inversiones adquieren una importancia desproporcionada.

Sin embargo, nuestra sensación de bienestar nunca está asegurada por medios terrenales. El colapso económico, la enfermedad, las fluctuaciones políticas o ambientales, o cualquier número de factores desconocidos podrían poner seriamente en peligro nuestros planes mejor trazados.

Eso es posible en cualquier etapa de la vida. Por eso, en Proverbios 27:1 se nos transmite este inquietante mensaje: «No te glories del día de mañana, porque no sabes qué traerá el día».

Nuestra única seguridad genuina radica en la relación que tengamos con Jesucristo. Esto es aplicable universalmente porque Dios es soberano, lo cual significa que Él tiene el control. El libro *The New Bible Dictionary* [Nuevo Diccionario Bíblico] explica que Él «guía y gobierna todos los eventos, circunstancias y actos libres de ángeles y hombres [...] y dirige todo hacia su meta designada para su propia gloria».[1] Tu seguridad radica en su poder para obrar todo para tu bien y su gloria.

Eso también es eternamente relevante porque Dios es inmutable, es decir, que Él es siempre el mismo y actúa sobre principios inmutables.

Metas para el día

- Lee Santiago 4:13-14.
- Durante tu tiempo de oración, dale gracias a Dios por ser tu fuente constante de estabilidad.

Fe en acción

La lectura de hoy dice: «Tu seguridad radica en su poder para obrar todo para tu bien y su gloria». Escribe situaciones específicas de tu vida a las que se aplica esta verdad.

____

____

____

Dios todopoderoso, te alabo porque cada detalle de mi vida está dirigido por tu mano soberana. Descanso en la seguridad de que tú gobiernas cada evento y circunstancia. Estoy seguro en el conocimiento de que tu poder entrelaza los hilos oscuros y difíciles de la vida para formar un patrón para mi bien y tu gloria.

DÍA 72

SUBLIME GRACIA

Lectura bíblica: Efesios 2:1-10 Versículo clave: Efesios 2:13

Pero ahora en Cristo Jesús, ustedes, que en otro tiempo estaban lejos, han sido acercados por la sangre de Cristo.

No es de extrañar que el himno «Sublime gracia» se cante con tanto entusiasmo en iglesias de todo el mundo. Sus vívidas imágenes nos recuerdan la preeminencia de la gracia y su papel indispensable en nuestra salvación y santificación. Pero ¿qué hace que la gracia sea tan asombrosa?

La gracia de Dios es asombrosa porque es gratuita. No existe moneda que pueda comprar la gracia. Normalmente desconfiamos de lo que es gratis, pero la oferta de Dios no tiene condiciones ocultas. Él soportó el costo de nuestros pecados (no es una gracia barata) para poder ofrecerla libremente a cualquier persona sobre la base de la fe, no del intelecto, el estatus o el prestigio.

La gracia de Dios es asombrosa porque es ilimitada. Su gracia nunca puede agotarse. Independientemente de la vileza o la cantidad de nuestros pecados, la gracia de Dios siempre es suficiente. Nunca puede agotarse; nunca puede medirse. Él siempre da su gracia plena.

La gracia de Dios es asombrosa porque siempre resulta aplicable. ¿Necesitas sabiduría? La gracia de Dios la provee mediante su Palabra. ¿Necesitas fuerza o dirección? La gracia de Dios te sostiene por su Espíritu. ¿Necesitas seguridad? La gracia de Dios la suministra mediante su soberanía.

¡La gracia asombrosa de Dios! ¡Plena y gratuita! ¡Sin medida! ¡Pertinente para cada una de tus necesidades!

Metas para el día

- Lee Efesios 2:1-10.
- Identifica áreas donde necesites la gracia de Dios. Dedica tu tiempo de oración a pedirle a Dios que derrame su gracia sobre tu vida.

Fe en acción

Escribe cualquier pensamiento e idea que hayas tenido de la lectura de hoy. ¿Qué significa la gracia de Dios para ti personalmente?

____

____

____

____

____

¡Es gratuita! ¡Es ilimitada! ¡Se aplica a cada una de mis necesidades hoy! Señor, gracias por tu gracia asombrosa y sublime. Te alabo porque fluye plena y libre en mi vida.

DÍA 73

FUERZA SOBRENATURAL

Lectura bíblica: Hebreos 12:1-3 Versículo clave: 1 Pedro 5:7

Echando toda su ansiedad sobre Él, porque Él tiene cuidado de ustedes.

La fatiga espiritual nos afecta a todos. En la carrera por conocer y servir a Cristo, nuestros cuerpos, mentes y corazones pueden alcanzar un punto de sobrecarga, haciéndonos retroceder. Si es lo suficientemente grave, la fatiga espiritual puede desanimarnos de participar en el futuro.

La fuerza de Dios para perseverar es nuestra cuando nos despojamos «de todo peso y del pecado que tan fácilmente nos envuelve» (Hebreos 12:1). Echa tus cargas sobre el Señor (1 Pedro 5:7). Haz las paces con Dios cada día con respecto a tu pecado.

La fuerza de Dios viene cuando reconocemos que «a su tiempo, si no nos cansamos, segaremos» (Gálatas 6:9). Tus esfuerzos darán fruto. Llegará el tiempo de la cosecha. Tu trabajo será recompensado. Él lo promete.

La fuerza de Dios viene para terminar la carrera cuando no nos preocupamos «por el *día de* mañana; porque el *día de* mañana se cuidará de sí mismo» (Mateo 6:34). Vive día a día. No te preocupes indebidamente por el mañana. La carrera se corre paso a paso.

Descansa cuando Él te muestre que es momento de cesar tus labores (Salmos 127:2).

La fuerza de Dios viene cuando le permitimos convertir nuestras debilidades en su fortaleza: «Él da fuerzas al fatigado, y al que no tiene fuerzas, aumenta el vigor» (Isaías 40:29).

Cuando estés fatigado, toma del suministro ilimitado del poder del Dios todopoderoso. No desfallezcas. No temas. No te inquietes. Él da fuerza sobrenatural para terminar la carrera.

Metas para el día

- Lee Hebreos 12:1-3.
- Usa el versículo del día, 1 Pedro 5:7, para guiar tu tiempo de oración.

Fe en acción

En términos prácticos, ¿qué significa para ti «echar tus cargas sobre el Señor»?

____

____

____

Dios mío, transforma mi debilidad humana en fuerza sobrenatural. Permíteme no desfallecer, no temer y no inquietarme. Dame fuerza sobrenatural para terminar la carrera.

DÍA 74

EL CICLO DE LA BENDICIÓN

Lectura bíblica: Salmos 145 Versículo clave: Proverbios 10:22

La bendición del SEÑOR es la que enriquece,
y Él no añade tristeza con ella.

El patrón cíclico de la naturaleza marca el esquema de bendición de Dios. Todas las bendiciones vienen de lo alto (Génesis 49:25; Efesios 1:3). Como Creador de todo, el Señor es el dador de la vida junto con lo que nos sostiene (Salmos 145:15-16).

El calor del sol, la humedad de las lluvias y el oxígeno en la atmósfera se originaron en su mente y existen por su sabiduría y poder (Génesis 1:1–2:3). Él es el diseñador de nuestros cuerpos: órganos, huesos, tejidos, músculos, nervios.

Nuestro Padre también es el autor de nuestras bendiciones espirituales. Podemos conocer a Dios solo porque primero Él eligió revelarse a través de su creación; su Hijo, nuestro Señor Jesucristo; y la Biblia (1 Juan 4:19).

Cuando recibimos las bendiciones de Dios por medio de la fe, el ciclo continúa mientras compartimos su presencia en nuestra conversación y nuestras acciones. Dios le dijo a Abraham: «Te bendeciré [...] y serás bendición» (Génesis 12:2).

El Señor nos favorece con su ánimo, esperanza y gozo. A su vez, nosotros animamos a los desanimados, reavivamos el alma decaída y llevamos consuelo a los afligidos.

¿Estás participando en el ciclo de bendición de Dios? Míralo a Él como tu recurso; luego busca ayudar a otros.

Metas para el día

- Lee el Salmo 145.
- Usa el Salmo 145 como guía para tu tiempo de oración.

Fe en acción

En el Salmo 145, David alaba a Dios. Escribe varias razones por las que Dios es digno de tu alabanza.

___

___

___

___

___

Padre celestial, tú eres el autor de todas mis bendiciones espirituales.
Ayúdame a conectarme con tu ciclo divino de bendición.
Permíteme mirarte a ti como mi recurso divino en cada situación,
y luego muéstrame maneras en que pueda bendecir a otros.

DÍA 75

Cómo contar tus bendiciones

Lectura bíblica: Salmos 34 Versículo clave: Salmos 34:8

Prueben y vean que el Señor es bueno. ¡Cuán bienaventurado es el hombre que en Él se refugia!

Cuando te piden que cuentes tus bendiciones, tu lista puede que no sea abrumadora. Quizá luchas por llegar a fin de mes; tus días pueden ser desafiantes. Estás agradecido por mucho, pero el cansancio nubla tu visión.

Sin embargo, debes detenerte a pensar en esto: cuando tienes al Señor Jesucristo, posees la mayor bendición posible. Eso no es espiritualizar; es la base de tu existencia ahora en la tierra y algún día en el cielo.

En Cristo tienes la garantía de vida eterna. La vida aquí puede ser inquietante, pero un lugar de belleza y gozo sin igual espera a quien conoce a Cristo como Salvador, Señor y Vida. El cielo es real, y sus bendiciones son seguras.

En Cristo posees la fuente de la verdadera vida. Él da amor, gozo, paz, fuerza, consuelo, esperanza y paciencia. Él nutre tu alma y vigoriza tu espíritu. Las posesiones son agradables, pero no pueden impartir vida; solo Jesús puede hacer eso.

En Cristo tienes un amigo para todas las estaciones. Él entiende tus decepciones, se alegra en tus triunfos y está contigo en tus pruebas. Puedes confiar en Él, llorar delante de Él y celebrar con Él.

Comienza con todo lo que tienes en Jesucristo cuando cuentes tus bendiciones. Entonces perderás la cuenta.

Metas para el día

- Lee el Salmo 34.
- Usa el salmo 34 como guía para tu tiempo de oración.

Fe en acción

David escribió: «Bendeciré al SEÑOR en todo tiempo; continuamente estará Su alabanza en mi boca» (Salmos 34:1). Escribe varias cosas por las que estás agradecido a Dios.

____

____

____

____

____

Jesús, tú eres mi mayor fuente de bendición. Tú eres mi vida. Tú das amor, gozo, paz, fuerza, consuelo y esperanza. Nutres mi alma y vigorizas mi espíritu. ¡Gracias, Señor!

DÍA 76

Investido con poder

Lectura bíblica: Lucas 24:44-49 Versículo clave: Juan 6:63

El Espíritu es el que da vida; la carne para nada aprovecha; las palabras que Yo les he hablado son espíritu y son vida.

Después de que Jesús resucitó de entre los muertos y ascendió al Padre, sus discípulos estaban ansiosos por difundir su mensaje de salvación; sin embargo, Cristo les ordenó esperar hasta que fueran «investidos con poder de lo alto» (Lucas 24:49) en Pentecostés, cuando el Espíritu Santo vendría para un nuevo ministerio residente en ellos.

Piensa seriamente en este hecho: si el Espíritu Santo era necesario para que los apóstoles vivieran y ministraran eficazmente, ¿no necesitamos nosotros también su poder? La vida cristiana comienza por medio del Espíritu Santo en la experiencia del nuevo nacimiento y continúa por el mismo Espíritu Santo.

Necesitamos el Espíritu Santo de Dios para capacitarnos y vivir en victoria sobre nuestras circunstancias. Solo Él nos da su esperanza, fuerza y paz en medio de las crisis. Solo Él nos provee la mente y la vida de Cristo cuando nuestras emociones y situaciones son impredecibles e inestables.

Necesitamos al Espíritu Santo para cumplir los mandamientos de la Escritura a través de nosotros. Podemos amar a nuestros enemigos, dar gracias en el dolor, negarnos a nosotros mismos y poner la otra mejilla cuando somos ridiculizados, solo cuando Él expresa la vida de Cristo a través de nosotros.

El Señor te da su Espíritu Santo plenamente suficiente para glorificarse a sí mismo a través de ti. Permítele completar lo que comenzó en ti en el momento de la salvación al ceder a su reinado cada día.

Metas para el día

- Lee Lucas 24:44-49.
- Repasa el versículo del día, Juan 6:63. Subraya cualquier palabra o frase que te llame la atención en este pasaje.

Fe en acción

Reflexiona sobre esta parte de la lectura de hoy: «Si el Espíritu Santo era necesario para que los apóstoles vivieran y ministraran eficazmente, ¿no necesitamos nosotros también su poder?». Escribe tus pensamientos a continuación.

____

____

____

Amado Señor, cedo a tu reinado en mi vida para que puedas completar lo que comenzaste en mí en el momento de la salvación. Capacítame para vivir en victoria sobre mis circunstancias. Dame la mente de Cristo cuando mis emociones y situaciones sean inestables.

DÍA 77

UNA VIDA CAMBIADA

Lectura bíblica: Juan 3:1-17 Versículo clave: Salmos 62:1

En Dios solamente espera en silencio mi alma; de Él viene mi salvación.

Después de ser salvos, la presión constante para conformarnos a los estándares del mundo puede causarnos amnesia espiritual. Tenemos que pagar la factura de la luz a tiempo, lidiar con el tráfico de la hora pico, cortar el césped y lavar los platos como hace todo el mundo. El peligro es que la rutina familiar puede hacernos perder de vista la transformación radical que ocurrió cuando nacimos de nuevo.

En la salvación recibimos un nuevo espíritu, el Espíritu Santo, quien obra a través de nuestras experiencias ordinarias para cumplir el objetivo sobrenatural de conformarnos a la imagen de Cristo. Al pagar nuestras cuentas, podemos depender de su provisión. En los molestos atascos del tráfico, podemos meditar en la Escritura (pruébalo, ¡funciona!). En el trabajo del jardín, podemos disfrutar de su creación. En la cocina, podemos dar gracias por sus muchos regalos para nosotros.

Como nuevas criaturas con un nuevo espíritu, tenemos un nuevo propósito: honrar a Dios en todo lo que hacemos: trabajar, comer, beber, conducir, jugar y pensar.

Si tu experiencia cristiana roza el aburrimiento, recuerda el cambio monumental que se produjo cuando fuiste salvo y la dimensión divina que ahora te pertenece para disfrutar por fe y obediencia.

Metas para el día

- Lee Juan 3:1-17.
- Usando como guía el versículo del día, Salmos 62:1, pasa unos momentos sentado en silencio delante de Dios dándole gracias por tu salvación.

Fe en acción

¿Cuáles son algunos de los cambios que han ocurrido en ti desde que te hiciste cristiano? Escribe tus pensamientos a continuación.

____

____

____

____

____

____

Padre celestial, gracias por el tremendo cambio que ocurrió cuando fui salvo. Gracias por la dimensión divina que me pertenece para disfrutar en cada área de mi vida. Quiero honrarte en todo lo que hago.

DÍA 78

Hechura de Dios

Lectura bíblica: Mateo 22:34-40 Versículo clave: Mateo 22:40

De estos dos mandamientos dependen toda la ley y los profetas.

Algunos evangélicos sostienen la visión distorsionada de que amarnos a nosotros mismos es egoísta y está mal. Aunque los cristianos obviamente están llamados a amar a Dios y a los demás, amarnos a nosotros mismos de manera bíblica y no narcisista fomenta un balance espiritual saludable. Nos amamos correctamente cuando nos vemos a nosotros mismos como Dios nos ve.

Dios declara que sus hijos son su obra maestra, hechura suya. Nos ve como hombres y mujeres de un valor incalculable, lo suficientemente valiosos como para dar a su propio Hijo en nuestro lugar.

Tu ropa, tu hogar, tu auto, tu trabajo y tus amigos no determinan tu valor. Quien lo determina es Dios. Él te valora tanto que desea pasar la eternidad contigo.

También nos amamos correctamente cuando nos tratamos de manera adecuada. Como obras maestras de Dios, debemos cuidarnos. Nuestro cuerpo necesita nutrición equilibrada y ejercicio. Nuestro aseo personal debe ser adecuado. Pulimos nuestros muebles y enceramos nuestros autos porque son objetos valiosos para nosotros. ¿Acaso no valemos nosotros más que ellos?

Eres la buena y hermosa creación de Dios. Cuanto más afirmes la evaluación que Dios hace de ti, más lo adorarás a Él y amarás a los demás.

Metas para el día

- Lee Mateo 22:34-40.
- Dedica tu tiempo de oración a pedirle a Dios que te ayude a ver tu valor desde su perspectiva.

Fe en acción

La lectura de hoy dice: «Tu ropa, tu hogar, tu auto, tu trabajo y tus amigos no determinan tu valor. Quien lo determina es Dios». ¿Cómo influye esta verdad en la manera en que te ves a ti mismo?

____

____

____

____

____

____

Oh Dios, has declarado que tengo un valor incalculable. Ayúdame a verme a mí mismo como tú me ves: lo suficientemente valioso como para dar a tu propio Hijo por mí.

DÍA 79

Tu verdadera identidad

Lectura bíblica: Efesios 4:17-24 Versículo clave: Efesios 4:24

Y se vistan del nuevo hombre, el cual, en la semejanza de Dios, ha sido creado en la justicia y santidad de la verdad.

Determinar la identidad es una lucha de toda la vida para muchas personas. Los adolescentes recurren a sus compañeros y sus padres tratando de descubrir su identidad única. Las posesiones y el estatus suelen ser los criterios para la mayoría de sus conclusiones. Por otro lado, los adultos tienden a definir su identidad por su vocación, su nivel económico o su estrato social. Determinar nuestra identidad afecta en gran medida nuestro comportamiento. Actuamos como creemos que somos.

Uno de los mayores activos del cristiano es que su identidad está arraigada en la persona de Jesucristo. Como es hijo de Dios, heredero de Dios, ciudadano del cielo y también de la tierra, santo y obra maestra de Dios, puede actuar en consecuencia.

¿Sabes quién eres en Cristo?

Tu matrimonio, tu carrera, tus relaciones y ambiciones dependen de tu nueva relación con el Hijo de Dios, Cristo Jesús.

Tus valores, prioridades y perspectivas están determinados por esta nueva relación con Jesús. Estás seguro en Él. Estás completo en Él. Tu pasado, presente y futuro están ligados a la persona de Jesucristo.

Metas para el día

- Lee Efesios 4:17-24.
- Toma un tiempo para reflexionar más profundamente sobre esta verdad: «Uno de los mayores activos del cristiano es que su identidad está arraigada en la persona de Jesucristo».

Fe en acción

Anota cualquier idea nueva que te haya llamado la atención en la lectura de hoy.

____

____

____

____

____

____

____

Padre, doy gracias porque estoy completo en tu Hijo Jesucristo. Mi pasado, presente y futuro están ligados a Él. Que mis valores, prioridades y perspectivas reflejen siempre esta relación divina.

Uno de los mayores activos del cristiano es que su identidad está arraigada en la persona de Jesucristo.

DÍA 80

MIDE TU RIQUEZA

Lectura bíblica: Romanos 10:8-13 Versículo clave: Romanos 10:13

«TODO AQUEL QUE INVOQUE EL NOMBRE DEL SEÑOR SERÁ SALVO».

Si alguien te preguntara si eres rico, podrías responder: «Pago mis cuentas y me queda un poco. Me va mejor que a algunos, pero ciertamente no soy rico».

Pero ¿sabías que en Cristo Jesús eres inmensamente rico?

«No me siento tan bendecido. Por todo lo que indica principalmente mi bolsillo, en realidad no soy acomodado».

Estás usando el estándar equivocado. Las cosas que el hombre honra, Dios las desprecia. Según la medida de Dios, posees riquezas extraordinarias. Como creyente, tienes las riquezas de la gracia de Dios otorgadas a ti mediante el regalo de su Hijo, Cristo Jesús.

No hay circunstancia, problema ni obstáculo que enfrentes fuera de la abundante gracia de Dios. Él da sabiduría, fuerza, guía, paciencia y amor sin límite. Eres un santo rico porque tienes todos los recursos que necesitas, para la vida en la tierra y en el cielo, en la persona de Jesucristo.

La ayuda de Dios está disponible siempre que la necesites. La vida eterna es tuya para siempre. Sus bendiciones inmerecidas inundan tu corazón cada día.

Eres un santo rico. Los tesoros de una nueva vida en Cristo son completamente tuyos.

Metas para el día

- Lee Romanos 10:8-13.
- Repasa el versículo del día, Romanos 10:13. Dedica tiempo a orar por amigos y seres queridos que aún no conocen a Cristo.

Fe en acción

¿Hay alguien con quien necesites compartir el evangelio? ¿Qué próximos pasos necesitas dar?

____

____

____

____

____

____

____

Maestro, gracias por otorgarme tus riquezas. Gracias por los tesoros de mi nueva vida en Cristo: vida eterna; bendiciones de sabiduría, fuerza, guía y paciencia. Amor sin límites.

DÍA 81

RECLAMANDO TU NUEVA POSICIÓN

Lectura bíblica: Colosenses 3:1-17   Versículo clave: Colosenses 3:3

Porque ustedes han muerto, y su vida está escondida con Cristo en Dios.

Aunque la pobreza financiera puede ocurrir por eventos que están fuera de nuestro control, la pobreza espiritual es inexcusable para cualquier cristiano nacido de nuevo.

Como hemos sido puestos en Cristo por Dios, tenemos acceso constante e ilimitado a la fuente de todas las bendiciones espirituales.

Entonces ¿por qué algunos caminan muy por debajo del alto llamado de la Escritura? ¿Por qué demasiados cristianos sufren escasez espiritual, viviendo en derrota y desobediencia perpetuas?

Los culpables principales de la desnutrición espiritual son la ignorancia y la incredulidad. Ignoramos los asombrosos recursos que tenemos en Cristo. No nos damos cuenta de que ya no somos pecadores habituales, sino santos justificados.

Pero también debemos creer. La incredulidad siempre mantendrá a los cristianos atrapados en la pobreza espiritual. Mientras te veas a ti mismo en términos que no son bíblicos, sufriendo condenación y autocompasión, no experimentarás el gozo, la paz ni el poder que vienen de la fe en Jesucristo. Eres un santo rico. Dios tiene un alto llamado para ti.

Por la fe y mediante una confesión bíblica de lo que la Palabra de Dios dice sobre ti, reclama tu posición nueva y extravagante en Cristo.

Metas para el día

- Lee Colosenses 3:1-17.
- Dedica unos momentos a reflexionar sobre tu identidad espiritual en Cristo. Pídele a Dios que te ayude a tomar conciencia con más profundidad de todo lo que tienes en Jesús.

Fe en acción

La lectura de hoy decía: «Por la fe y mediante una confesión bíblica de lo que la Palabra de Dios dice sobre ti, reclama tu posición nueva y extravagante en Cristo». Escribe algunas cosas que la Palabra de Dios dice sobre ti.

____

____

____

Señor, sobre la base de tu Palabra y por la fe, reclamo mi nueva posición en Cristo. Soy rico. Tienes un llamado alto y noble para mí. ¡Me regocijo en mis riquezas espirituales!

DÍA 82

Escogido por Dios

Lectura bíblica: 1 Pedro 1:3-12 Versículo clave: 1 Pedro 1:3

Bendito sea el Dios y Padre de nuestro Señor Jesucristo, quien según Su gran misericordia, nos ha hecho nacer de nuevo a una esperanza viva, mediante la resurrección de Jesucristo de entre los muertos.

¿Recuerdas el rechazo que sentiste cuando no fuiste elegido para el equipo de baloncesto, el grupo de animación, la universidad que querías o el ascenso en el trabajo? Ahora, piensa en la emoción que sentiste cuando sí entraste al equipo de baloncesto, fuiste seleccionado para el grupo de animación, te aceptaron en la universidad que deseabas y recibiste el ascenso. Experimentaste gran alegría y satisfacción al ser elegido.

¿Sabías que Dios te eligió para la salvación antes de la fundación del mundo? ¿Sabías que Él estaba obrando el milagro de tu nuevo nacimiento en su mente antes de que existiera la primera evidencia de la creación?

Un amor tan inmerecido debería asombrarte, humillarte y llevarte a una adoración profunda por la bondad, la misericordia y la gracia de nuestro Señor Jesucristo.

Dios te escogió. Piensa en el valor que eso le da a tu vida. No importa dónde vives, cómo te ves, qué tipo de auto manejas o cuál es tu nivel de ingresos.

Alégrate. Has sido elegido por Dios y eres suyo para siempre.

Metas para el día

- Lee 1 Pedro 1:3-12.
- Repasa el versículo clave del día, 1 Pedro 1:3, y subraya cualquier palabra o frase que te llame la atención.

Fe en acción

Escribe cualquier nueva perspectiva que hayas obtenido de la lectura de hoy.

____

____

____

____

____

____

Amado Padre celestial, a menudo me siento rechazado por los demás. Gracias porque tú me elegiste para la salvación antes de la fundación del mundo. Soy aceptado. Soy elegido. ¡Gracias!

DÍA 83

UN HIJO DE DIOS

Lectura bíblica: 1 Pedro 1:13-21 Versículo clave: Romanos 9:23

Lo hizo para dar a conocer las riquezas de Su gloria sobre los vasos de misericordia, que de antemano Él preparó para gloria.

Todos debemos recibir individualmente la oferta de salvación de Dios (Efesios 1:13). Una vez que respondemos positivamente con fe, la maravillosa verdad del obrar soberano de Dios apenas comienza. Nosotros, como creyentes, somos transformados para algo mucho más allá de nuestra imaginación más audaz: «[Él] nos predestinó para adopción como hijos» (Efesios 1:5).

Dios no te salvó solo para que escaparas del tormento del infierno y de la condenación del castigo santo. Te salvó para poder atraerte a su familia. Eres hijo o hija de Yahvé Dios. Como hijo de Dios, tienes la perspectiva emocionante de relacionarte íntimamente con tu Padre celestial mientras dependes de su amorosa provisión. Para siempre, serás hijo o hija del Padre.

También nos «predestinó *a ser* hechos conforme a la imagen de su Hijo» (Romanos 8:29). El proceso de llegar a ser como Cristo comienza en la salvación, continúa a lo largo de tu vida en la tierra y se consumará en el cielo. Dios está obrando irrevocablemente para hacerte a su semejanza. ¿Puedes pensar en algo más glorioso?

Metas para el día

- Lee 1 Pedro 1:13-21.
- Pasa tiempo en oración dándole gracias a Dios porque Él «nos predestinó para adopción como hijos» (Efesios 1:5).

Fe en acción

La lectura de hoy decía: «Eres hijo o hija de Yahvé Dios». Escribe lo que significa esa verdad para ti.

____

____

____

____

____

____

____

Dios todopoderoso, continúa conformándome a la imagen de tu Hijo. Te alabo porque estás obrando irrevocablemente en mi vida.

DÍA 84

HEREDERO DE UNA FORTUNA INCALCULABLE

Lectura bíblica: Salmos 19 Versículo clave: Hechos 20:32

Ahora los encomiendo a Dios y a la palabra de Su gracia, que es poderosa para edificarlos y darles la herencia entre todos los santificados.

«Si yo fuera rico o famoso, mi futuro estaría asegurado». Probablemente, la mayoría de nosotros hemos imaginado cómo sería nuestra vida si fuéramos herederos de enormes fortunas.

¿Cómo cambiarían tu modo de pensar y de vivir si hoy supieras que eres heredero de tesoros al lado de los cuales incluso las propiedades más ricas de la tierra palidecen?

La increíble verdad es que Dios te ha nombrado heredero de sus riquezas: «Ahora los encomiendo a Dios y a la palabra de Su gracia, que es poderosa para [...] darles la herencia entre todos los santificados» (Hechos 20:32).

¿Qué posee Él? Lo posee todo. Como Creador del cielo y de la tierra y de todo lo que hay en ellos, Dios es el único dueño del universo. Está en sus manos otorgarte su riqueza inefable.

Dios es tu Padre. Eres su hijo o su hija. Todo lo que es de Él te pertenece a ti. Y todo lo que tienes proviene de Él. Tienes una herencia que nunca se desvanecerá ni se empañará porque eres heredero de la inconmensurable fortuna del Padre.

Metas para el día

- Lee el Salmo 19.
- Usa el Salmo 19 como guía para tu tiempo de oración. Elige versículos específicos que te inspiren a alabar a Dios.

Fe en acción

En la lectura de hoy se preguntó: «¿Cómo cambiarían tu modo de pensar y de vivir si hoy supieras que eres heredero de tesoros al lado de los cuales incluso las propiedades más ricas de la tierra palidecen?». Escribe tus pensamientos sobre esto a continuación.

____

____

____

____

____

____

____

Dios, tú eres mi Padre. Soy tu hijo/hija. Todo lo que tú tienes me pertenece. Gracias por una herencia que nunca se desvanecerá.

DÍA 85

Vida eterna

Lectura bíblica: Salmos 103 Versículo clave: Salmos 103:4

El que rescata de la fosa tu vida, el que te corona de bondad y compasión.

Ya sea en las calles de Mumbai o en una lujosa casa frente al mar, ya sea vestido con pantalones desgastados o con un traje elegante, puedes disfrutar de la buena vida que Jesucristo imparte a todos los que creen y permanecen en Él. La buena vida es la vida eterna recibida como un regalo mediante la fe en el sacrificio de Cristo por nuestros pecados.

La vida eterna es lo mejor que existe. Es la presencia eterna, interminable e incesante del Dios eterno, derramando toda su bondad sobre ti en su misericordia y gracia ilimitadas. Es una posesión permanente, que no se ve afectada por el ascenso y la caída de dinero, personas o naciones. Está garantizada por la muerte, sepultura y resurrección de Cristo.

Tú puedes experimentar la realidad de la vida eterna aquí y ahora. Una nueva calidad de vida está disponible para todos los que se han unido al Salvador. Es la suficiencia abundante de Cristo para toda circunstancia.

Cada día es una oportunidad para beber del pozo divino de paz, gozo, amor, fidelidad, mansedumbre, bondad, paciencia y dominio propio sin disminuir la provisión ni una sola pizca. Nunca te dejes engañar. La verdadera vida está en Jesús, y Jesús está en ti. Vida inagotable y sin límites para ti por siempre.

Metas para el día

- Lee Juan 17.
- Escribe los versículos clave de Juan 17 que más te hayan impactado.

Fe en acción

¿Qué te enseña Juan 17 sobre experimentar la realidad de la vida eterna aquí y ahora? ¿Cómo debería eso influir en tu forma de vivir cada día?

____

____

____

____

____

____

Precioso Padre celestial, gracias por la vida inagotable y sin límites que está en tu Hijo Jesús. Permíteme beber continuamente de tus recursos divinos.

DÍA 86

Vida abundante

Lectura bíblica: Isaías 43 Versículos clave: Isaías 43:18-19

No recuerden las cosas anteriores ni consideren las cosas del pasado. Yo hago algo nuevo, ahora acontece; ¿no lo perciben? Aun en los desiertos haré camino y ríos en los lugares desolados.

En *La raíz de los justos*, A. W. Tozer animaba a los lectores: «Mantén tus pies en la tierra, pero deja que tu corazón se eleve tan alto como pueda. Rehúsa ser promedio o rendirte al frío de tu ambiente espiritual».[1]

Como creyentes, debemos vivir la verdad que se nos da en Hebreos 11. Nuestra ciudadanía está registrada en el cielo, donde tenemos un destino eterno. Cuando vemos la vida con esta perspectiva, nuestra visión es positiva y llena de esperanza.

Estamos plenamente vivos a través de Jesucristo, quien vive en nosotros por el poder de su Espíritu. De hecho, estamos mucho más vivos ahora que hemos recibido al Hijo de Dios como nuestro Salvador que cuando caminábamos por la tierra solo en forma física. Estamos vivos eternamente a cosas espirituales que antes estaban más allá de nuestra capacidad de entender.

Los santos del Antiguo Testamento solo podían imaginar lo que estaba por llegar. Vivieron y murieron en su fe; sin embargo, no se sintieron decepcionados. Su devoción a Dios (y la de Él hacia ellos) fue suficiente para todas sus necesidades (Daniel 12:2; Hebreos 11:13-16).

¿Estás viviendo como Tozer sugirió, manteniendo tus pies firmemente plantados en la verdad de la Palabra de Dios, mientras sueñas y piensas en lo que Dios tiene para ti en un futuro no tan lejano? Jesús vino para que tengamos vida abundante ahora: un pequeño anticipo de lo que está por llegar.

Metas para el día

- Lee Isaías 43.
- Dedica unos momentos a pensar en las cosas nuevas que Dios está trayendo a tu vida y deja que eso guíe tu tiempo de oración.

Fe en acción

Repasa la cita de Tozer del texto de hoy. ¿Con qué te identificas al leer sus palabras? Escribe tus pensamientos a continuación.

Dios todopoderoso, quiero mantener mis pies en la tierra mientras mi corazón se eleva a alturas ilimitadas. Ayúdame a no rendirme al frío de mi ambiente espiritual. Planta mis pies firmemente en tu Palabra mientras sueño con el futuro ilimitado que has planeado para mí.

DÍA 87

Contentamiento

Lectura bíblica: Filipenses 4:6-13 Versículo clave: Filipenses 4:12

Sé vivir en pobreza, y sé vivir en prosperidad. En todo y por todo he aprendido el secreto tanto de estar saciado como de tener hambre, de tener abundancia como de sufrir necesidad.

Aunque la mayoría de nosotros vivimos en condiciones bastante buenas, con comida y ropa suficiente, nos cuesta bastante lidiar con el tema del contentamiento. Imagina a Pablo en la cárcel, carente de algunas de las necesidades básicas y sin libertad personal, y lee sus palabras con atención: «No que hable porque tenga escasez, pues he aprendido a contentarme cualquiera que sea mi situación. Sé vivir en pobreza, y sé vivir en prosperidad. En todo y por todo he aprendido el secreto tanto de estar saciado como de tener hambre, de tener abundancia como de sufrir necesidad. Todo lo puedo en Cristo que me fortalece» (Filipenses 4:11-13).

Pablo no era un optimista ciego e imprudente que negaba la realidad. Ya había soportado muchas dificultades físicas y aun así podía mirar sus sombrías perspectivas, hablando humanamente, y decir que estaba en verdad contento. Cuando dijo que Cristo era su fuerza para todo, se refería a *todo*. No intentaba contar sus «tenencias» y «carencias» con espíritu de preocupación o miedo. Pablo sabía que lo mejor de Dios para él se encontraba permaneciendo en Cristo cada día, confiando en que Él le proveería lo que necesitaba.

Metas para el día

- Lee Filipenses 4:6-13.
- Deja que las palabras de Pablo de la lectura de hoy guíen tu tiempo de oración.

Fe en acción

Escribe cualquier nueva idea que te haya llamado la atención en la lectura de hoy.

____

____

____

____

____

____

Gracias, Dios, por lo que me has dado con gracia: comida, refugio, amigos y familia. Confío en ti para suplir cualquier carencia en mi vida. Enséñame a estar contento.

DÍA 88

Completos en Cristo

Lectura bíblica: Colosenses 2:6-10 Versículo clave: Colosenses 2:10

Y ustedes han sido hechos completos en Él, que es la cabeza sobre todo poder y autoridad.

En una escala del uno al diez, ¿qué tan completa dirías que está tu vida? ¿Qué persona, trabajo, objeto o logro haría tu vida más satisfactoria? La mayoría de nosotros probablemente habría puntuado moderadamente alto en la primera pregunta y habría añadido algunos nombres o elementos a la segunda.

Sin embargo, ¿sabías que el apóstol Pablo insistía en que, cuando confiamos en Cristo como Salvador, en ese instante nos volvemos «completos en Él»? La palabra *completo* en el griego original significaba «lleno». Cuando una persona está llena, no tiene espacio para nada más. Piensa en esto: si Cristo está en ti, tu vida es un «diez». En Jesucristo está «la plenitud de la Deidad» (Colosenses 2:9). Es decir, Cristo es la suma de toda perfección, sin defecto ni carencia.

Ese mismo Cristo habita en ti y provee para todas tus necesidades; por tanto, cuando tienes a Cristo, lo tienes todo. No te falta nada. Posees vida eterna y abundante. En Él están toda la sabiduría, el amor, la paciencia, la bondad y el consuelo que necesitarás. Ninguna necesidad queda insatisfecha gracias a los recursos ilimitados de Cristo que habita en ti. Como estás completo en Él, tu búsqueda de sentido ha terminado. Cristo es tu vida, y eso es suficiente.

Metas del día

- Lee Colosenses 2:6-10.
- Escribe el versículo clave del día, Colosenses 2:10, en una tarjeta o en tu teléfono. Durante los próximos días, memorízalo.

Fe en acción

Escribe tus pensamientos sobre lo que significa estar «completo en Cristo».

____

____

____

____

____

____

Señor todopoderoso, gracias porque estoy completo en ti. Mi vida es un «diez». Todas mis necesidades están satisfechas. Lo tengo todo. ¡No me falta nada!

DÍA 89

Tu recompensa futura

Lectura bíblica: 1 Corintios 3:1-14 Versículo clave: Apocalipsis 22:12

Por tanto, Yo vengo pronto, y Mi recompensa está conmigo para recompensar a cada uno según sea su obra.

Cuando el astrónomo polaco del siglo dieciséis Nicolás Copérnico propuso por primera vez que la tierra gira alrededor del sol y no al revés, fue recibido con desprecio y burla. Años después se comprobó que su teoría era totalmente correcta. La vida a menudo parece así. Los ignorantes son tratados como reyes, mientras que los sabios son ignorados.

Peor aún, a veces los malvados son exaltados, mientras que los piadosos sufren aflicción. El salmista reflexionó sobre esta aparente injusticia en el Salmo 73: «Miren, estos son los impíos, y, siempre desahogados, han aumentado *sus* riquezas. Ciertamente en vano he guardado puro mi corazón» (vv. 12-13).

En las Bienaventuranzas, Jesús indicó que sus seguidores serían perseguidos en la tierra; sin embargo, continuó diciendo que debían alegrarse por tal trato porque su «recompensa [...] en los cielos es grande» (Mateo 5:12).

Los creyentes son justamente recompensados en el cielo por su conducta en la tierra, mientras confían en que el Señor haga sus obras a través de ellos. Todas las inequidades e injusticias son más que compensadas por las recompensas que Cristo dará a sus seguidores.

Ya sea que ahora seas reconocido en el trabajo o en casa, o que recibas el debido respeto o no, recuerda que Dios honrará tu obediencia por toda la eternidad.

Metas para el día

- Lee 1 Corintios 3:1-14.
- Escribe cualquier cosa que te haya llamado la atención en la lectura de hoy.

Fe en acción

Dedica un tiempo a reflexionar sobre el versículo del día, Apocalipsis 22:12. ¿Cómo influye este versículo en la manera en que deseas vivir?

____

____

____

____

____

Amado Padre celestial, me regocijo en la certeza de que todas las inequidades e injusticias serán compensadas en la eternidad. Hasta ese momento, ayúdame a continuar haciendo tu obra a tu manera.

DÍA 90

Lo tienes todo

Lectura bíblica: Juan 1:1-18 Versículo clave: Juan 1:4

En Él estaba la vida, y la vida era la Luz de los hombres.

Cada individuo que ha confiado en Jesús para su salvación ha recibido la fuente para sus necesidades más profundas en la persona del Cristo que habita en su interior.

Cristo es el pan de vida. Él es el sustento que nutre nuestro ser más íntimo. Nuestra hambre de significado y propósito en la vida se satisface plenamente en Cristo. Él es nuestro cumplimiento; Él es nuestra identidad. No nos falta significado cuando tenemos a Cristo como nuestra vida.

Cristo es el agua de vida. Él canaliza su vida todo suficiente a través de nuestros vasos de barro, empapándonos con su gozo, paz, amor, esperanza, contentamiento, fuerza y firmeza. Cristo sacia nuestra sed de autoestima, asegurándonos nuestro valor inestimable para Él. Nos da libremente su vida abundante.

Cristo es la luz de vida. Él nos ilumina con la verdad eterna, legándonos sabiduría para el camino. Derrama su luz sobre lo que realmente tiene valor para que podamos perseguir lo que es provechoso, sin correr tras sueños vacíos o filosofías falsas y engañosas.

Cuando tienes a Cristo, lo tienes todo: significado, propósito, vida en su sentido más pleno, verdad y sabiduría. Perteneces al creador, sustentador y fin de todas las cosas.

Metas del día

- Lee Juan 1:1-18.
- Usa las palabras que aparecen en Juan 1:1-18 para guiar tu tiempo de oración y adoración.

Fe en acción

Jesús tiene todo lo que necesitas para vivir una vida de pasión, propósito y paz. Escribe cualquier idea clave que hayas aprendido y los próximos pasos que debes seguir en tu caminar con Cristo.

____

____

____

____

____

Jesús, tú eres mi pan de vida. Tú eres mi sustento. Tú eres el agua de vida, canalizando tu suficiencia a través de mí. Tú eres la luz de vida, dando sabiduría para el camino por delante. En ti, querido Señor, ¡lo tengo todo!

Notas

Días 1–10

1. Hannah Whitall Smith, *The Christian's Secret of a Happy Life* (F. H. Revell, 1888), pp. 63-64. [*El secreto de la vida cristiana feliz* (Wilmore, KY: First Fruits Press, 2018)].

Días 11–20

1. Penelope J. Stokes, *Faith: The Substance of Things Unseen* (Carol Stream, IL: Tyndale House Publishers, 1996), pp. 109-113.
2. Earl O. Roe, *Dream Big: The Henrietta Mears Story* (Tyndale House, 2016).

Días 21–40

1. Neil Anderson, *Who I Am in Christ: A Devotional* (Baker Publishing, 2001), pp. 40-41.

Días 41–50

1. Peter Marshall, *Mr. Jones, Meet the Master: Sermons and Prayers of Peter Marshall* (F. H. Revell, 1952), p. 145.
2. Dwight L. Moody, *The Overcoming Life and Other Sermons* (Nueva York: Fleming H. Revell Co., 1896), pp. 28-29.
3. Martin H. Manser, *The Westminster Collection of Christian Quotations* (Louisville, KY: Westminster John Knox Press, 2001), p. 332.

4. Adam Clarke, *Adam Clarke's Commentary on the Bible* (Grand Rapids, MI: Baker Book House, 1985), p. 23.

Días 51–60

1. F. B. Meyer, *Through the Bible Day by Day: A Devotional Commentary* (Filadelfia, PA: The American Sunday School Union, 1914), pp. 22-23.
2. W. E. Vine, *Vine's Expository Dictionary of New Testament Words* (Reformed Church Publications, 2015), p. 92. [*Diccionario expositivo de palabras del Antiguo y Nuevo Testamento de Vine* (Grupo Nelson, 1998)].

Días 61–70

1. Dr. y Mrs. Howard Taylor, *Hudson Taylor and the China Inland Mission* (Londres, Reino Unido: The Religious Tract Society, 1921), p. 169.
2. «Chamberlain and Hitler 1938», The National Archives, consultado en línea 23 de junio de 2025, https://www.nationalarchives.gov.uk/education/resources/chamberlain-and-hitler/.

Días 71–80

1. J. D. Douglas et al., eds., *The New Bible Dictionary*, 2a ed. (Wheaton, IL: Tyndale House Publishers, 1982), p. 990.

Días 81–90

1. A. W. Tozer, *The Root of the Righteous* (Moody, 2015), p. 15. [*La raíz de los justos* (Editorial Clie, 1994)].

Acerca del autor

El doctor Charles F. Stanley fue el fundador de In Touch Ministries [Ministerios en contacto] y pastor emérito de la Primera Iglesia Bautista de Atlanta, Georgia, donde sirvió por más de cincuenta años. También fue autor de más de setenta libros, muchos de ellos éxitos de ventas del *New York Times*. Hasta su fallecimiento, en 2023, la misión del doctor Stanley fue llevar el evangelio «al mayor número de personas posible, lo más rápido posible, de la manera más clara posible, de la forma más irresistible posible, mediante el poder del Espíritu Santo para la gloria de Dios». Este es un llamado y una misión que In Touch Ministries continúa persiguiendo, transmitiendo sus enseñanzas de la manera más amplia y efectiva posible.

Los mensajes del doctor Stanley se pueden escuchar diariamente en los programas «In Touch with Dr. Charles Stanley» a través de la televisión, la radio y redes y emisoras satelitales en todo el mundo; en el internet en intouch.org y a través de In Touch+ y el Charles Stanley Institute; y mediante el In Touch Messenger Lab. Los inspiradores mensajes del doctor Stanley también se publican en la galardonada revista devocional *In Touch*.